はじめての

ナレーショントレーニング

出口富士子著
松濤アクターズギムナジウム
監修

THE NARRATION TRAINING

雷鳥社
RAICHOSHA

◆はじめに

ナレーションとは、人に何かを紹介したり、説明したりするために読み聞かせるもので、テレビやラジオの番組、CM、企業のPRビデオなど、幅広い分野で必要とされる技術です。

ナレーションでは、「声」の演技・表現だけで、台本に書かれた情報を正確にわかりやすく伝え、映像に命を吹き込むことが重要です。また、日本語でナレーションを読む場合には、台本を理解する力だけでなく、「美しい日本語の話し方」を身につけていることも求められます。

プロのナレーターや俳優、声優によるナレーションは、聞き手の感情を揺さぶり、さまざまな感動を与えます。それは、彼らが台本の内容やそのナレーションに求められていることをよく理解し、「美しい日本語」で、「聞きやすく」「わかりやすく」伝える技術と表現力を身につけているからにほかなりません。

聞き手にきちんと情報を届け、聞き手の心を動かすナレーションをするには、繰り返しトレーニングを積むことが大切です。本書では、「声」の表現に必要な知識と技術の基礎的なポイントを紹介しています。ナレーションの仕事を目指す人はもちろん、初めて声のトレーニングをする人や、声を出すこと、声で何かを表現することに関心のある人にも役立つ内容です。

本書が、「正しい発声」「美しい発音」「豊かな表現力」を身につけ、あなたの「演じる」「読む」「表現する」可能性を伸ばす一助になれば幸いです。

◆本書の使い方

声を出す前に呼吸、発声、発音などのトレーニングを行ってからナレーションを行うと効果的です。

ナレーション台本は自分の好きなテーマ、練習したいテーマを選んで構いません。また、台本の下段に「ヒント」を載せていますので、表現の参考にしてください。

台本の略号は以下の通りです。

（NA）→ナレーション　（M）→ミュージック（音楽）

（FI）→フェードイン（音がだんだん大きくなる）　（CI）→カットイン（突然音が始まる）

（SE）→サウンド・エフェクト（効果音）　（SL）→サウンドロゴ（企業名や商品名などの音声）

トレーニングのメニューはそれぞれの目標やレベルに応じて自由に設定しましょう。「楽しみながらトレーニングすること」が最大のポイントです。

第1章

ゲーム編

■商品
パッケージゲーム「シャイニング・パズル・クエスト」

■企業名
サンダートイズ

■時間の目安
20秒

CD5

◆付属CDの活用方法

付属のCDに収録されている課題には「CDマーク」とチャプター番号がついています。トレーニングしたい課題を頭出ししてお使いください。

CDには、プロのナレーターによるナレーションが収録されています。ですが、アクセントや滑舌などを除けば、ナレーションに「絶対に正しい」という形はありません。あくまで参考にしながら、自分なりのナレーション表現を見つけてください。

もくじ

第1章

CMナレーション

「CMナレーション」とは、テレビやラジオなどのCM（コマーシャル・メッセージ）における、出演者によるセリフ以外の音声＝ナレーションのことです。実際にテレビなどでは、ナレーションが含まれるCMが数多く放送されています。限られた時間で視聴者の印象に残るCMナレーションにするためには、表現に工夫が必要です。

商品に合ったナレーションを意識しよう

CMのナレーションで最も大切なのは、商品に合ったナレーションをすることです。テレビのCMは15秒や30秒、ラジオのCMは20秒や40秒など、時間が限られています。それだけに、短い時間の中で多くの情報を伝えることが求められるのです。

また、単に商品の情報を知らせるだけでなく、何らかの印象を与え、関心を持ってもらうことも重要です。CMは商品や会社の顔といえるものなので、雰囲気に合ったナレーションを心がけましょう。

トレーニングのポイント

●最初は時間にとらわれず、ゆっくりでもよいので、しっかり表現できるように練習し、慣れてきたら実際のスピードに近づけるようにする。

●商品に関する情報は、はっきり伝わるよう心がける。

●テレビのように映像のあるCMの場合、常に映像をイメージしながら読む。

第1章

食品編

CMナレーション

■商品
「和食コレクション」というシリーズ商品のひとつ「おだし一番」

■企業名
雷鳥フーズ

■時間の目安
20秒

CD1

（SE：コトコトと煮込むお鍋の音）

（M／FI）

（NA）日本料理の基本はおだしから。

5種類の国産素材をぎゅっと凝縮した「おだし一番」なら、お味噌汁も、煮物も、いつものお料理がグンとレベルアップ。

プロ級のお味をご家庭で簡単に。

雷鳥フーズの「和食コレクション」です。

◀ヒント

家庭の雰囲気をイメージ

商品名はハッキリと

「ぎゅっ」や「グン」など擬音の表現を工夫

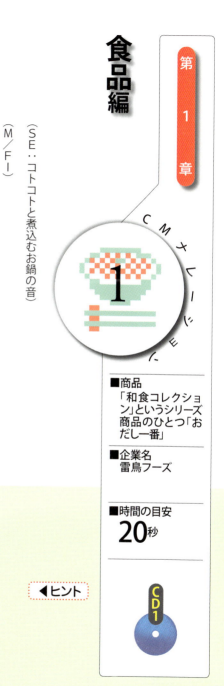

第1章 スポーツ用品編

CMナレーション

2

■商品
サッカー・野球・テニス・陸上競技などの各種スポーツウェア

■企業名
サンダーバード

■時間の目安
20秒

CD2

（SE：心臓の鼓動）

（NA）もっと速く。
もっと高く。
もっと強く。
ギアをあげろ。
限界を超えろ。

（SE：競技場の歓声）

（NA）アスリートの力を最大限に引き出す最高のパートナー、サンダーバードのスポーツウェアシリーズ。

◀ヒント

繰り返しの表現を考えて

力強さを伝えることを意識

第1章

CMナレーション 3

化粧品編

■商品
化粧ブランド「ベル・スリール」

■企業名
バード化粧品

■時間の目安
20秒

CD3

（M／CI）

（NA）　フランス語で「美しい笑顔」を意味する「ベル・スリール」。
植物由来の天然成分と最新の技術を融合させたスキンケアブランドが、理想の肌へ導きます。

あなたの美しさと輝く笑顔のために。

バード化粧品です。

◀ヒント

爽やかで明るい雰囲気を意識

企業名はハッキリと

第1章

自動車編

CMナレーション

4

■商品
ハイブリッドカー「ロードカイザーPHV」

■企業名
雷鳥モーターズ

■時間の目安
20秒

CD4

（M／CI）

（NA）　今、求められているのは環境への優しさ。
けれど、"走る楽しさ"も諦めたくはない。

「ロードカイザーPHV」は、優れた経済性と高レスポンスで、パワフルな走行性を実現。

さあ、一緒に次の時代へ行こう。

（SL）　雷鳥モーターズ

◀ヒント

信頼感を打ち出す表現を
聞き手を導くイメージで

第1章 ゲーム編

CMナレーション 5

■商品
パッケージゲーム
「シャイニング・パズル・クエスト」

■企業名
サンダートイズ

■時間の目安
20秒

CD5

（M／CI）

（NA） どんどん落ちてくるカラーブロックを揃えて、ブロックを消しまくれ！
連鎖を邪魔するいたずらブロッキーには要注意！
全ステージをクリアして、闇の帝王に捕らわれた光のプリンセスを救い出そう！
パズルRPGゲーム「シャイニング・パズル・クエスト」新発売。

（SL） サンダートイズ

◀ヒント

楽しい空気感を出して

企業名の言い方も考える

声について考える

日常生活においても、「声」は意思や感情を伝えるのに大きな役割を果たしていますが、ナレーションでは「声」が最も重要な要素なのは言うまでもありません。ナレーションは「ただ読めばよい」というものではなく、聞き手に話の内容や知らせたい情報を的確に伝えるという目的があります。「声」がその情報伝達の手段なのです。

ナレーターには、台本や映像の内容の良さを引き立てる豊かな表現力が求められます。しかし、何よりも大切なのは、声そのものの「聞きやすさ」です。プロのナレーターや俳優、声優のナレーションが心地良く聞こえるのは、彼らが表現力のみならず、「声」で伝える技術の基本である正しい呼吸・発声・発音をしっかりと身につけているためです。

ナレーションの完成度を高めるために、自分の声について考えることはとても大切なことです。声がどのようにしてつくられ、どのように届くのかを知り、聞き手に「心地良さ」を感じさせるために、「声」についての理解を深めていきましょう。

声の出るしくみ

声はどのようにして出てくるのでしょうか。普段の会話ではあまり意識しませんが、肺から入った空気が声になるまでには、いくつもの器官が複雑に関わり合っています。そして、それぞれの器官が次のような一連の運動を引き起こすことで、声はつくられているのです。

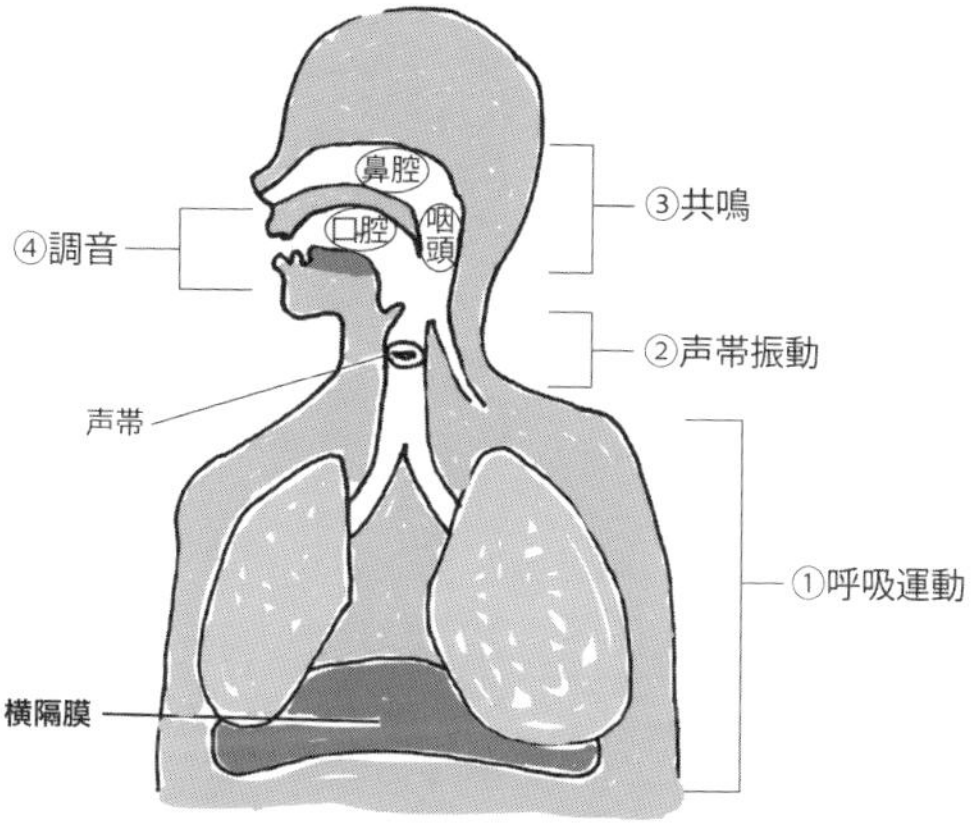

①呼吸運動　肺から押し出された空気が声帯を振動させるための力に変わる

②声帯振動　声帯が振動して音をつくる

③共鳴　②でつくられた音が咽頭や口腔、鼻腔などに共鳴する

④調音　唇、舌、歯、顎などにより、言葉としての音になる

正しい発声は、これらの作用がそろって初めてスムーズに行うことができます。

声を出す際、肺から出す空気の圧力を大きくすれば声の大きさは大きくなり、反対に圧力を小さくすると声も小さくなります。声の高さを決めるのは、声帯の振動数です。声帯の振動数が多いと声は高くなり、振動が少ないと声は低くなります。

また、地声と裏声は音の出し方で区別されます。地声は声帯の緊張が弱い調子の声で、裏声は声帯を強く緊張させて出す声です。

自分の声を知る

普段聞いている自分の声は、ほかの人が聞いている声とは違います。他人の声は空気の振動によって聞こえてきますが、自分の声は内耳を伝わって聞こえてくる音なので、聞こえ方に違いがあるのです。

自分の声が、ほかの人にどのように聞こえているのかを客観的に知ることは、自分の声の特徴を知るうえでも大変重要です。「ほかの人が聞いている自分の声」を聞く方法は、「録音して聞く」以外にはありません。ボイスレコーダーなどに自分の声を録音して聞いてみましょう。

また、自分のナレーションを録音してチェックすることは、表現力の変化や工夫すべきポイントなどに気づけるよい方法です。これからのトレーニングでも、継続的に録音して自分の声やナレーションの表現方法などをチェックするといいでしょう。

正しい呼吸を身につける

良い発声をするには、正しい呼吸法を身につけることが必要です。ナレーションでは設定に応じてさまざまな話し方が求められますが、声の大きさや高さ、響き具合は呼吸によって調節するため、いかに呼吸をコントロールできるかが発声の良し悪しに関わってきます。声のトーンを聞きやすい状態に保つ、マイクに息づかいが入らないようにするなど、状況に合った思い通りの声を出すためにも、正しい呼吸は大切なポイントです。

胸式呼吸と腹式呼吸

人が普段、声を出すときに使っている呼吸法は主に「胸式呼吸」です。胸式呼吸では、胸部のスペースを大きくしたり、小さくしたりして肺の空気を出し入れしています。胸式呼吸で出した声を「喉声」と呼びますが、喉声で出した大きい声は通りが悪く、がなりたてたような聞きづらいものになります。さらに、胸式呼吸で長時間声を出し続けると、声が枯れるなど、喉にも大きな負担がかかります。

一方、「腹式呼吸」は、肺の下にある横隔膜が下がることで、肺の奥まで空気が入り、お腹にまで空気が入った感覚になる呼吸のことです。プロのナレーターや声優は、腹式呼吸で取り込んだ息を「一気に強く出す」「細く長く出す」「止める」などの技術を使い、自在にコントロールして声を出しています。

腹式呼吸を確認しよう

①仰向けに寝て、お腹の上に手を置き、自然に呼吸する。
②息を吸ったり、吐いたりするたびに、お腹が上下することを確認する(これが腹式呼吸)。
③思いっきり息を吸って止め、背中寄りの脇腹あたりに息が入っているのを感じる(これが自分の吸える息の最大量)。

腹式呼吸を身につけよう

①脱力して前屈し、この姿勢で呼吸すると、自然に腹式呼吸になることを確認する。
②息を吐きながら、ゆっくりと起き上がる。
③息が続く限り、長く吐き続ける。
④一度、息を入れ、息の続く限り「うー」と声を出し続ける。最初は15～20秒程度からはじめ、徐々に時間を延ばし、1分くらいまで吐き続けられるようにする。

腹式呼吸の利点

・腹筋などを使い、息を調節することで息が長くなる。
・よく通る声、届く声になる。
・大きな声が楽に出せるようになる。
・喉を痛めにくくなる。

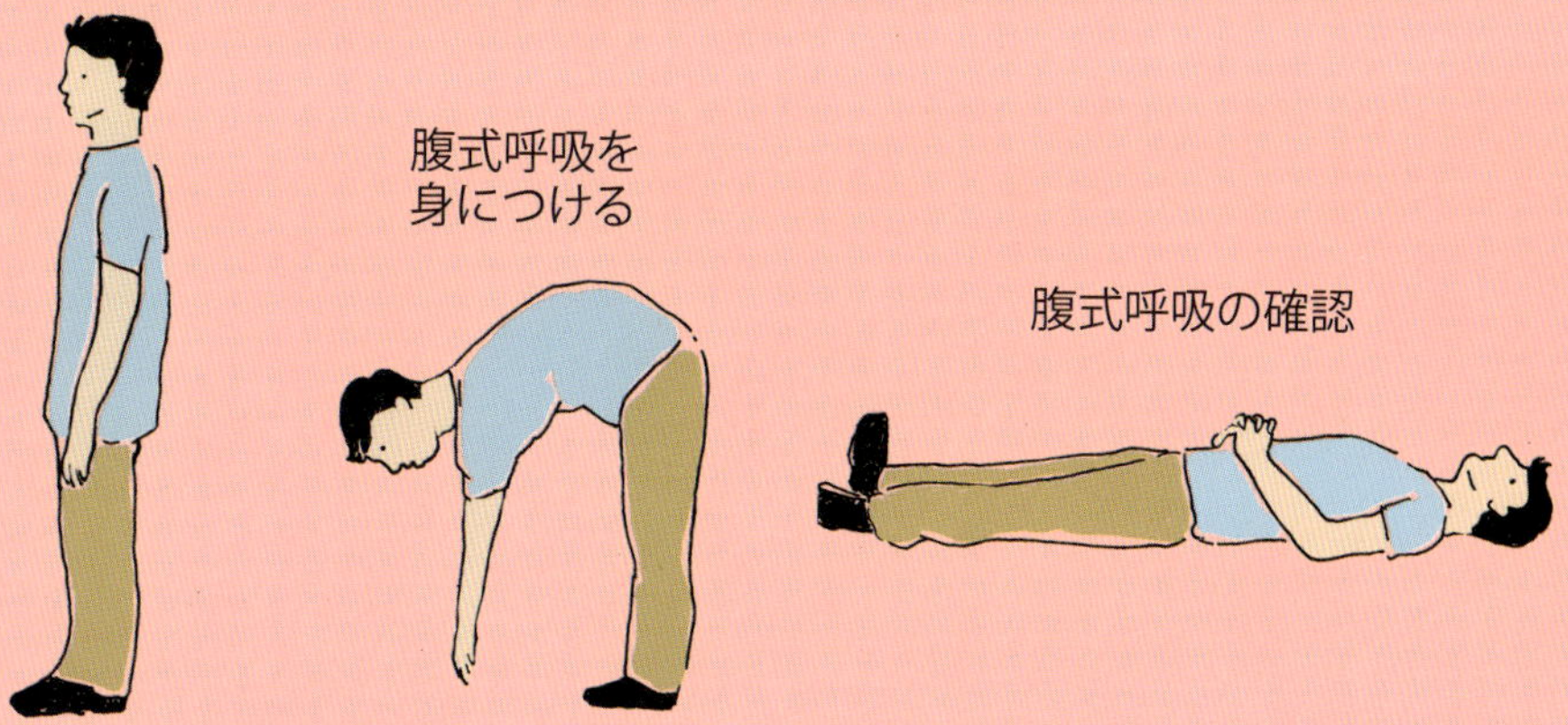

正しい姿勢で発音する

良い発声をするためには、「正しい姿勢」も大切です。ナレーションは座った状態で行うことが多く、立っているときよりも肩や背中が丸くなりやすいので、特に注意が必要です。

正しい姿勢の基本は、心身ともにリラックスした状態で、まっすぐ立つことです。鏡で自分の立ち姿をチェックしながら、正しい姿勢を身につけましょう。

正しい立ち方

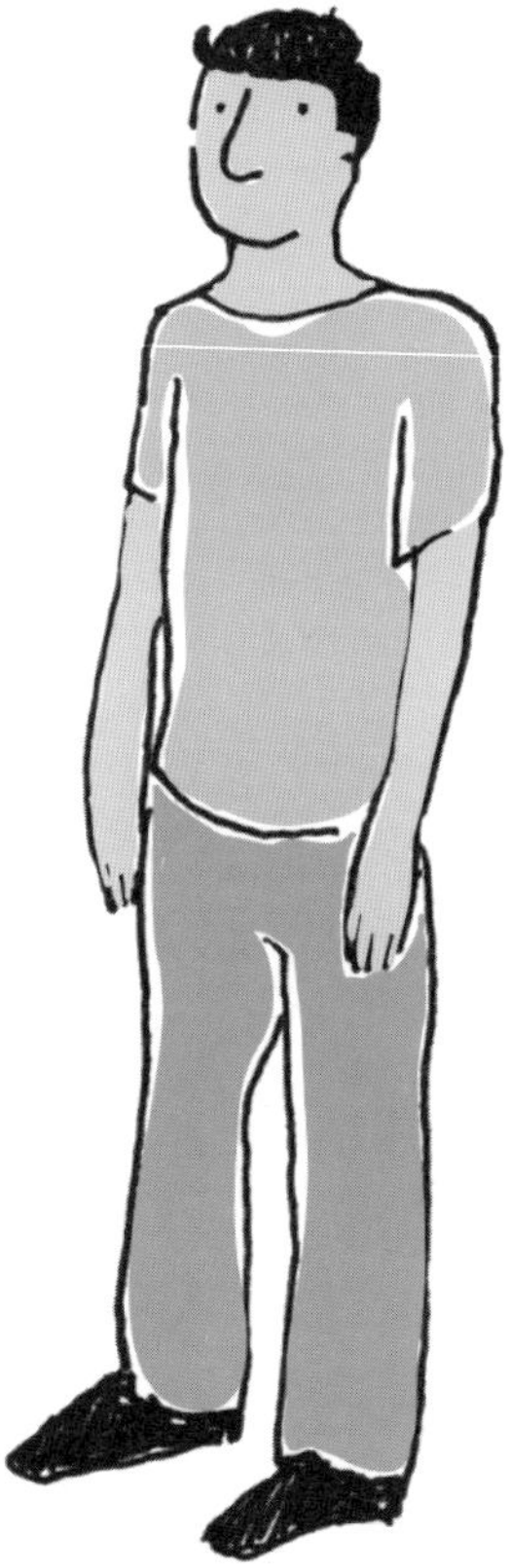

リラックスする

全身がリラックスできていないと、良い発声はできません。体のどこかに力が入った状態では、喉が締めつけられて声が届かなかったり、声が震えてしまったりするからです。首や肩を回したり、手で顔をマッサージしたりして、心身ともにリラックスした状態をつくりましょう。

悪い立ち方1

背中が丸まって肩が落ちた猫背の状態。顔もうつむいている。ヒザと腰も落ちてしまい、声が前に出ない。

悪い立ち方2

肩に力が入って、胸も反っており、ヒザも伸びている。体全体に力が入りすぎていて固くなっているため、呼吸が浅くなって自然な発声ができない。

頭

●体の中心に首を乗せるつもりで、正面を向く。

肩

●力を抜く。

腕

●自然に両脇におろす。

腰

●反り返らずに力を抜き、背骨を骨盤にまっすぐ乗せる。

ヒザ

●ピンと張らずに、柔らかくする。

足

●肩幅くらいに開く。

足の裏

●床をつかむ感覚で、土踏まずに体重をかける。

第1章 旅行プラン編

CMナレーション

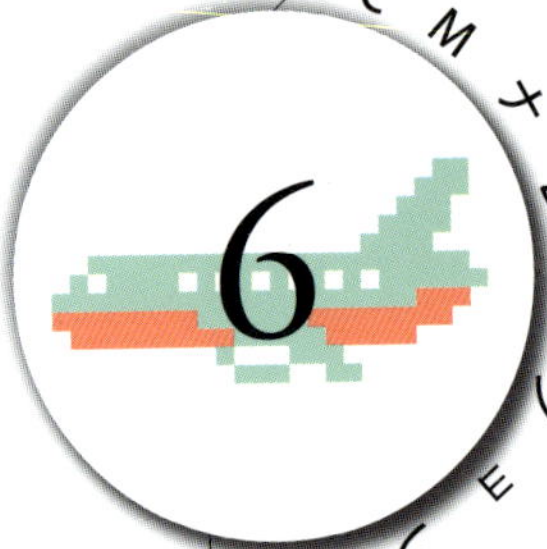

■商品
自由旅行プラン

■企業名
雷鳥トラベル

■時間の目安
40秒

CD6

（SE／波の音）

（M／FI）

（NA）　水平線にゆっくりと沈む夕陽。
同じ太陽なのに、日本で見る夕陽とはどこか違って見える。

空の色、波の音、風の匂い、何もかも新鮮に感じるのはなぜだろう。

明日はどこの街で夕陽を見ようか。

雷鳥トラベルの自由旅行プランだから、飛行機も、ホテルも、スケジュールも、好きなようにアレンジできる。

私だけの旅、私だけの時間。

（SL）　雷鳥トラベル

◀ヒント

景色を思い浮かべて

テンポや間を考える

雰囲気を大切に

第1章

住宅展示場編

CMナレーション

■商品
総合住宅展示場

■企業名
雷島ハウスプラザ

■時間の目安
40秒

CD7

（SE／クイズ出題時の音とタイマー音）

（NA）　問題です。
木造と鉄筋、戸建てに適しているのはどっち？
リビングとダイニングのスペースは分けるべき？
子ども部屋に最適な広さはどれくらい？

（M／CI）

（NA）　……雷島ハウスプラザの総合住宅展示場なら、あなたのご家庭に最適の正解がきっと見つかります。
毎週土日は最新のモデルハウス見学会や無料住宅相談会も実施中。
あなたも今度の週末に、理想の住宅を見つけに来ませんか。

（SL）　雷島ハウスプラザ

◀ヒント

クイズ番組で出題するイメージで

テンポや雰囲気の切り替えを

第1章

運送会社編

CMナレーション

8

■商品
まごころ特急便

■企業名
雷鳥運輸

■時間の目安
40秒

CD8

（M／F I）

（宮城弁で）東京《とうぎょう》も今年の冬は、しばれるっていうべ、てぶぐろ編んだっちゃ。お米《ごめ》と一緒さ、送《おぐ》るわ。
（東京も今年の冬は寒くなるっていうから、手袋編んだよ。お米と一緒に送るよ。）

（山口弁で）この前、電話で言っちょったアルバム。押入れにあったんよ。明日、送るけえね。
（この前、電話で言っていたアルバム。押入れにあったよ。明日送るからね。）

◀ヒント

方言のアクセントを確認

セリフは相手の存在を意識

（福岡弁で）あんた、次ん週に結婚の挨拶に行くとやろ？　美味しか明太子ば、送っちゃるけん。手土産に持っていかんね。

（あんた、次の週に結婚の挨拶に行くのだろ？　美味しい明太子を送ってあげるから、手土産に持っていきなさい。）

（NA）ひとつひとつの荷物に込められた、ふるさとからの想い。雷鳥運輸のまごころ特急便が、大切にお届けします。

セリフ部分との差を考えて

第1章

アミューズメントパーク編

CMナレーション 9

■商品
アミューズメントパーク「サンダーワン」

■企業名
サンダーワン

■時間の目安
40秒

CD9

（M／CI）

（男子学生）楽しみながら体を動かしたい！

（男性社会人）ゴルフコンペに向けて練習したい！

（女子学生）思いっきり歌いたい！

（男子小学生）いっぱいゲームしたい！

（年配女性）温泉に入ってのんびりしたい！

（NA）それ、ぜーんぶできちゃいます！
ボーリング、アイススケート、バッティングセンター、ゴルフ練習場、
カラオケ、ゲームセンター、サウナに温泉！
あなたの「今、これがしたい！」がすべて叶います！
さあ、今すぐアミューズメントパーク「サンダーワン」へGO！

◀ヒント

情報をしっかり伝える

躍動感を表現

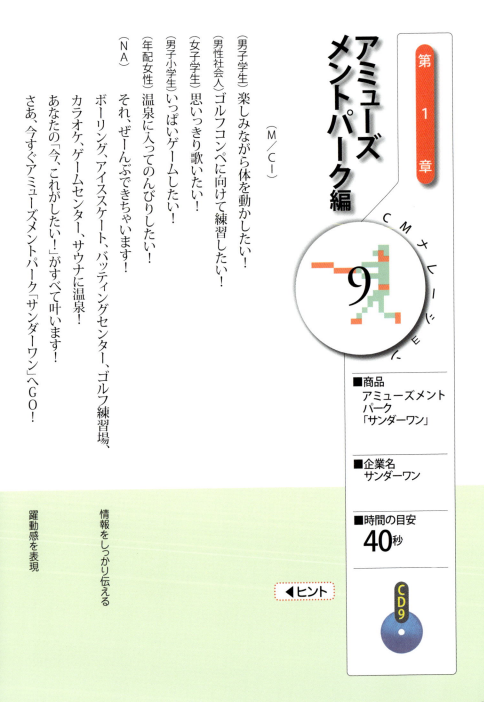

●ナレーター

巴《ともえ》十《と》一《いち》さん

まずは「目的」を持つことが大切 そして、常に「表現者」でいることを意識して

ナレーションの仕事を始めたきっかけは?

最初は舞台俳優を志して、そうした方面の大学に入学しましたが、もともと声優にも興味があり、卒業後に養成所に通って声優の事務所に入りました。ただ、声優の仕事では複数の方と同時に収録することが多く、そのスタイルが自分にはあまり合わなかったこともあり、ナレーターに転向しました。自分の表現したいこととナレーションの仕事との共通点を見つけられたのは大きいですね。

日常生活で心がけていることはありますか?

テレビでもなんでも、ただの一視聴者として観るのではなく、常に表現者の一人として観る、聴くということを心がけています。そして、何かの番組を観ていて、「この言い方はいいなあ」と思ったら、コピーをしまくります。自分の体に入れて、その人になって読もうとするんです。それで、何かの収録時に「じゃあ、この1行目は誰々さんのイメージでやって、2行目は誰々さんみたいに読んで」という感じでやってみると、それが今度は自分のオリジナルになるんですよね。

読者の方にメッセージをお願いします。

私は声優の講師もやっているので、いろいろな質問を受けますが、「声優になるにはどうしたらいいですか?」とか「どうすればうまくなりますか?」という質問が多いんです。でも、たとえば「どのバスに乗ったらいいですか?」と聞かれても、どこに行きたいのかがわからないと答えられないですよね。「あそこに行きたいんですが」と聞いてくれれば、必要なアドバイスをしてあげることもできます。ですから、まずは「こういうことをやりたい」という「目的」を持って、その「目的」をものすごく大切にしてほしいと思います。それから、声の仕事は自分から何かを表現することなので、常に「表現者」でいる、ということも意識してほしいですね。

美しい発音を身につける

聞きやすく、表現豊かなナレーションをするためには、正しい発声ができることだけでなく、美しい発音が身についていることも大切です。日本語特有の発音上の決まりや口の開き方、舌の使い方などを覚えて、美しい日本語の発音を習得しましょう。

日本語の構成

日本語の言葉は、基本となる50音の組み合わせによってつくられています。50音は「あ」「い」「う」「え」「お」の「母音」と、これに「子音」が結びついてできた音で構成されているため、日本語は英語などに比べて母音の使用頻度が高いという特徴があります。

発音の基本となる50音

あいうえお
かきくけこ
がぎぐげご
ぱ゚ぎ゚ぐ゚げ゚ご゚
さしすせそ
ざじずぜぞ
たちつてと
だぢづでど
なにぬねの
はひふへほ
ばびぶべぼ
ぱぴぷぺぽ
まみむめも
や（い）ゆ（え）よ
らりるれろ
わ（い）（う）（え）を
ん

母音と子音

「あ」「い」「う」「え」「お」の母音は、口の中を通る息が舌や唇に妨げられずにつくられる音で、ひとつの音を長く出し続けることができます。反対に、子音は舌や唇の動きによって息の通りが妨げられるため、長く出し続けることができない瞬間的な音となります。この両方の境界領域に入る音を「半母音」といいます。
また、発声するときに声帯の振動をともなうものを「有声音」、ともなわないものを「無声音」といい、次のように分けることができます。

◇有声音
母音●あ、い、う、え、お
半母音●や、ゆ、よ、わの子音の役割をする母音に近い音
子音●が、ガ、ざ、だ、な、ば、ま、ら行の子音
◇無声音
子音●か、さ、た、は、ぱ行の子音

母音

母音は口の形や舌の位置を変えるだけで簡単に発音することができますが、言葉として声に出すうえでいくつかの決まりがあります。美しい日本語を話すためには、基本となる母音の発音をマスターすることが重要です。トレーニングを効果的に進められるよう、次に挙げるポイントをよく理解しておきましょう。

■母音の無声化

「くつ（靴）」と言ってみてください。一音だけだと「ku」と発音されるはずの「く」の音が、はっきりと発音されずに「k（u）tu」となっていることがわかります。このように、原則として有声音であるはずの母音が、前後の子音との関係によって声帯の振動を失い、息だけが出てくることを「母音の無声化」といいます。

（例）

＊母音の無声化は、次のようなときによく見られます。

①母音が無声音の子音（か、さ、た、は、ぱ行の子音）に挟まれたとき

㈹切る［k（i）r u］
叱る［s（i）k a r u］
プカプカ［p（u）k a p（u）k a］

②無声音の子音の後にくる母音が語尾となり、その音節にアクセントがないとき

㈹秋［a k（i）］
待つ［m a t（u）］
ございます［g o z a i m a s（u）］

母音が無声化すると声帯の振動がなくなり、喉に手を当てたときの振動の有無で、その状態を確認することができます。ただし、母音の無声化には地域差や個人差があるため、前述の法則に当てはまらない場合もあります。不安に思ったら、その都度アクセント辞典で確認しましょう。

◎ミニトレーニング

無声化する母音に気をつけて発音しましょう。

石垣［i s i g a k i］
消しゴム［k e s i g o m u］
都市国家［t o s i k o k k a］
複雑［f u k u z a t u］
持ち込む［m o t i k o m u］

■二重母音

「あ＋あ」や「う＋え」のように、ふたつの母音が続いているものを「二重母音」（または「連母音」）といいます。たとえば、「赤い」という言葉をローマ字で表記すると［a k a i］となり、［a i］の部分が二重母音になっていることがわかります。

(例) 言う[iu]
小石[koisi]
組み合わせ[kumiawase]
集い[tudoi]
礼儀[reigi]

◎ミニトレーニング

二重母音を意識して発音しましょう。

仰ぐ[aogu]
再現[saigen]
倒れる[taoreru]
行く末[yukusue]
分け前[wakemae]

■長母音

二重母音が含まれている言葉には、ふたつの母音が融合して長く発音するものがあります。これを「長母音」といいます。たとえば、「お父さん」という単語は「おとうさん」と表記しますが、実際に発音するときは「おとーさん」となり、[otousan]の[ou]の部分が長音化して[oto-san]となります。

(例) お母さん(おかーさん)
英語(えーご)
高校(こーこー)
小さい(ちーさい)
風船(ふーせん)

◎ミニトレーニング

長母音を意識して発音しましょう。

多い(おーい)
空気(くーき)
更新(こーしん)
時計(とけー)
日曜日(にちよーび)

ただし、母音が続く場合でも、長く伸ばしてはいけないものもあります。たとえば、「地域」［tiiki］は［ii］の部分が二重母音ですが、「ちーき」と長く伸ばさずに「ちいき」と発音します。ほかにも「また明日」［mataasita］のように、文中で別々の言葉に含まれた母音が続くことがありますが、このときも「またーした」と長く伸ばしては発音しません。

声に出すと言葉が流れてしまうことが多いので、注意してしっかりと発音しましょう。

◎ミニトレーニング

長母音にならないように意識して発音しましょう。

子牛（こうし）
豪雨（ごうう）
大意（たいい）
また後で（またあとで）
そろそろおいで（そろそろおいで）

子音

子音は母音と結びついて音になりますが、その特徴のひとつに「鼻濁音」があります。これはナレーションに限らず、日本語を正しく話すためにぜひ身につけておきたい大切なポイントです。

■鼻濁音

「が行」を発音するとき、舌の奥の部分を膨らませて喉の奥につけるようにすると、鼻にかかったような音になります。これを鼻濁音といい、「が行」の音よりもやわらかく響くのが特徴です。一般には「か゚き゚く゚け゚こ゚」のように表記します。

鼻濁音化して発音するのか、濁音のまま発音するのかは、次のような原則にもとづいて判断することができます。

＊鼻濁音化して発音するもの

①語中（単語の中間部分）や語尾（単語の終わりの部分）にある「が行」音

（例）
仕事（しこ゚と）
玉子（たまこ゚）

②格助詞や接続助詞
私が（わたしか゚）
〜ですが（ですか゚）

③数詞の「五」を使った人名や名詞
(例)弥五郎（やこ゚ろう）
十五夜（じゅうこ゚や）

④もともとは濁らない音が、複合語（ふたつ以上の言葉で成り立つ語）になることによって濁った場合
(例)身勝手（みか゚って）
梨狩り（なしか゚り）

⑤日本語化している外来語の中で、「ん」の後にくる「が行」音
(例)ヤング（やんく゚）
リング（りんく゚）

※ただし、④については「濁音のままで発音するもの⑥」のように、複合語の場合でも鼻濁音化しない場合があります。

＊濁音のままで発音するもの

①語頭（単語のはじめの部分）にある「が行」音
(例)外国（がいこく）
現代（げんだい）

②「鼻濁音化して発音するもの⑤」を除く外国語や外来語
(例)アレルギー（あれるぎー）
プレイガイド（ぷれいがいど）

③数詞の「五」
(例)五番（ごばん）
五十五巻（ごじゅうごかん）

④接頭語がなければ語頭にくる「が行」音
(例)お行儀（おぎょうぎ）
朝ご飯（あさごはん）

⑤擬音語や擬態語、同じ音を繰り返す言葉
(例)ガツガツ
グングン

⑥複合語のうち「鼻濁音化して発音するもの④」に該当しない語
(例)高等学校（こうとうがっこう）
県会議員（けんかいぎいん）

なお、鼻濁音の発音の仕方については、44ページの「か゚行」で説明します。

映画・番組予告ナレーション

「映画・番組予告ナレーション」とは、これから公開・放送される映画やテレビ・ラジオ番組などの内容を簡潔に紹介することです。映画や番組についての見どころやエッセンスを凝縮し、視聴者に「観に行きたい」「視聴したい」と思わせることを目的としていますので、それぞれのジャンルや内容に応じた表現のテクニックが必要とされます。

映画や番組の魅力が伝わるナレーションを心がけよう

映画や番組の予告で求められるのは、短い時間の中で、その映画や番組の魅力を伝え、視聴者に興味と関心を持ってもらうことです。たとえば映画なら、コメディ、アクション、ホラー、ファンタジー、ミュージカルなど、数々のジャンルがあります。ナレーションはそのジャンルの雰囲気に合わせた読み方で、映画の世界観を伝えることが必要です。

テレビやラジオの番組も同様で、それぞれの番組の見どころや聞きどころを、しっかりと伝えることを意識しましょう。

トレーニングのポイント

- ●まず台本から映画や番組の内容を読み取り、どういう雰囲気やトーンでナレーションをするべきかしっかり考える。
- ●最初はゆっくりでもよいので、思った通りの表現ができるように、繰返し練習する。
- ●映画やテレビ番組の予告の場合、常に映像をイメージしながら読む。

第2章

ラブコメディ編

映画・番組予告ナレーション 1

■作品名
「アイ・ラブ・ダイアン!」

■時間の目安
30秒

CD10

（M／CI）

（NA）　超ゴージャスな美女のダイアンに一目惚れしたトーマスは、彼女の気を引こうと、あの手この手で猛アタック！
恋愛経験ゼロの地味オトコが、ライバルのイケメンたちを押しのけて、ダイアンのハートを見事にゲットできるのか!?
ハリウッドの二大スターがお届けする、おかしくって、ほっこりしちゃう素敵なラブストーリー「アイ・ラブ・ダイアン！」。

◀ヒント

ハリウッド映画のコメディ感を意識

タイトルの言い方を考えて

第2章

ホラー編

映画・番組予告ナレーション

■作品名
「悪魔の眼を持つ少女」

■時間の目安
30秒

CD11

（M／CI）

（NA）死んだ友人の娘・ヒトミを引き取ったマサル。
だが、ヒトミが家に来たその日から、マサルと家族は不可解な現象に悩まされるようになる……。

押し寄せる恐怖の連続にあなたは耐えられるか!?

ジャパニーズホラーの頂点に立つ最高傑作、「悪魔の眼を持つ少女」。

誰も、その眼を見てはいけない……。

◀ヒント

軽い言い方にならないように

余韻を残す表現を

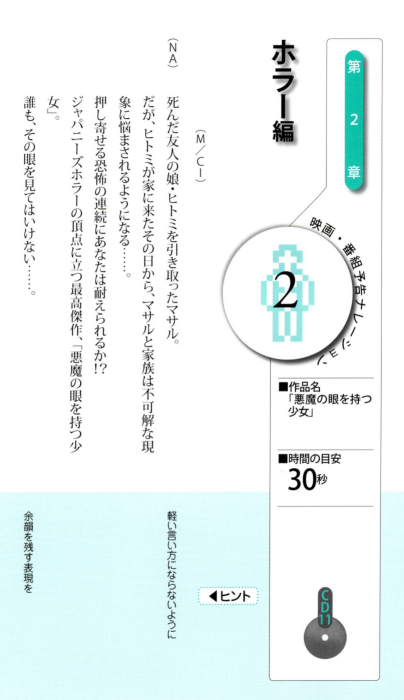

第2章

サスペンス編

映画・番組予告ナレーション 3

■作品名
「ブラック・メモリー」

■時間の目安
30秒

CD12

（M／CI）

（NA）見知らぬ部屋で眼を覚ましたジョディ。
床には血まみれの男が倒れていた。
ここはどこ？
この男は誰？
私はなぜナイフを持っているの――？
記憶を失い、困惑するジョディを謎の男たちが追う。
記憶に封印された驚愕の真実とは……？
全米で5000万部を売り上げたベストセラーを完全映画化。
「ブラック・メモリー」。
この秋、ついに日本上陸。

◀ヒント

ミステリアスな世界観で

直前の問い掛けとの間を考えて

第2章

ヒューマンドラマ編

映画・番組予告ナレーション

4

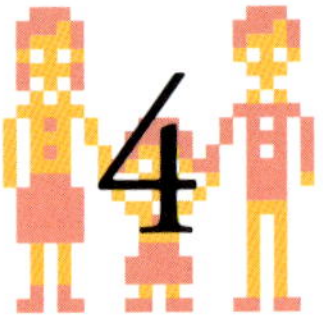

■作品名
「嵐がはこんだ物語」

■時間の目安
30秒

CD13

（M／CI）

（NA）　嵐の夜、山奥のホテルに足止めされた8人。
救助を待つ間、誰ともなく身の上話が始まる。
離ればなれになった家族のこと。
子供の頃にした、いたずらのこと。
渡せなかったラブレターのこと。
そんなたわいもない話が、彼らに奇跡をもたらす……。
「嵐がはこんだ物語」。
人生で、本当に大切なことはなんですか？

◀ヒント

重くなり過ぎない表現を

余韻を意識して

第2章

ファンタジーアニメ編

映画・番組予告ナレーション

5

■作品名
「ジャッキーとアニマル・ワンダーランド」

■時間の目安
30秒

CD 14

（M／CI）

（NA）ジャッキーは11歳の内気な男の子。

ある朝目覚めると、小さなムササビになっていた！

突然現れた謎のオウム・トビアスに導かれ、飼い猫のポップとともに迷い込んだのは、言葉を話す動物たちが住む不思議な世界……！

サンダーバード・スタジオが送る最新作アニメーション「ジャッキーとアニマル・ワンダーランド」。

◀ヒント

聞き手の年齢を考えて

制作会社の情報やタイトルはしっかりと

発音トレーニング　1

あ 行

母音は発音の基礎です。母音の発音が正しくできないと、子音も良い発音ができません。

「あ」は、口を自然に大きく開いた、あくびを途中で止めたような形で、唇は丸めずに、舌を下顎に軽くのせて発音します。

「い」は、口を両端に引っ張るようにして、舌は前の方を盛り上げ、口の奥に空間をつくって発音します。

「う」は、唇をすぼめて、舌は中心あたりに丸く盛り上げて発音します。

「え」は、「あ」と「い」の中間の口の形で、舌の前の方を「あ」よりも少し高く持ち上げて発音します。

「お」は、「あ」と「う」の中間の口の形で、舌の奥の方を「う」よりもやや持ち上げて発音します。

次の単語を発音しましょう

●挨拶
●朝焼け
●温める
●アナウンス
●歩く

●言いにくい
●勇ましい
●一年中
●イレギュラー
●印鑑

●受け取る
●薄暗い
●ウッドデッキ
●うなずく
●嬉しい

●英作文
●駅伝
●エネルギー
●絵はがき
●選ぶ

●大きい
●起き上がる
●落ち着く
●おみくじ
●オルゴール

次の文章を発音しましょう

●あいうえお　いうえおあ　うえおあい　えおあいう　おあいうえ　あえいうえおあお
●愛想のよい相手に合わせて明るく挨拶した
●明日の朝アーモンド味のアイスを味見しよう
●委員会で意見が分かれて異論を唱える委員がいた
●市場で一番活きのいいイワシをいっぱい買っていこう
●美しい人がウイスキーとういろうを売りに来た
●歌を歌いながら子牛の後ろを嬉しそうに歩く
●絵入りの英字新聞で英語の映画の情報を得る
●演歌歌手が炎天下の沿岸で遠泳大会を応援した
●大通りで大勢の女たちが大騒ぎをしながら踊っていた
●大奥様が黄金のお皿を持ってお見えになった

第2章

バラエティ番組編

映画・番組予告ナレーション

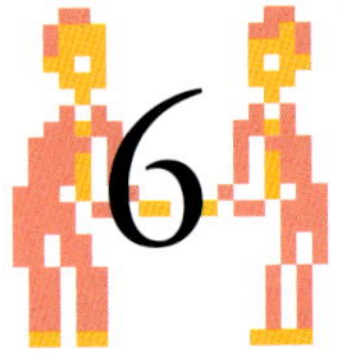

■作品名
「笑って笑ってトーキング!!」

■時間の目安
15秒

CD15

（M／CI）

（NA）今夜の「笑って笑ってトーキング!!」は、「お笑いキング・コンテスト」でグランプリ獲得の漫才コンビ、さんだぁ&ばぁどが登場。
爆笑トークの連続に、スタッフが笑いすぎてNG続出!?
今夜7時。見逃したら後悔します!

◀ヒント

勢いのあるナレーションで

放送時間はハッキリと

音楽番組編

第2章

映画・番組予告ナレーション

7

■作品名
「ミュージックライフ・トゥナイト」

■時間の目安
15秒

CD16

（M／CI）

（NA）　今週の「ミュージックライフ・トゥナイト」は、「愛のバレンタイン」をテーマに、全曲ロマンチックなラブソングをラインナップ！
2月14日木曜夜8時。
Don't miss it！

◀ヒント

英語の発音、表現を意識

締めの言葉の言い方を考えて

第2章

ドキュメンタリー番組編

映画・番組予告ナレーション

8

■作品名
「ミラクル・ストーリーズ～ゴミが消えた町～」

■時間の目安
30秒

CD 17

（M／CI）

（NA）緑の街路樹が立ち並ぶ美しい町並み。
かつてそこは、不法投棄されたゴミで埋め尽くされていた。

そして、15年間、一日も休まず、黙々とゴミを拾い続けた町内会の人々が、町を変えた――。

小さな地方都市の、奇跡の物語を追う。

「ミラクル・ストーリーズ～ゴミが消えた町～」、今夜9時。

どうぞご期待ください。

◀ヒント

映像の存在を意識

聞き手に訴えかける表現を

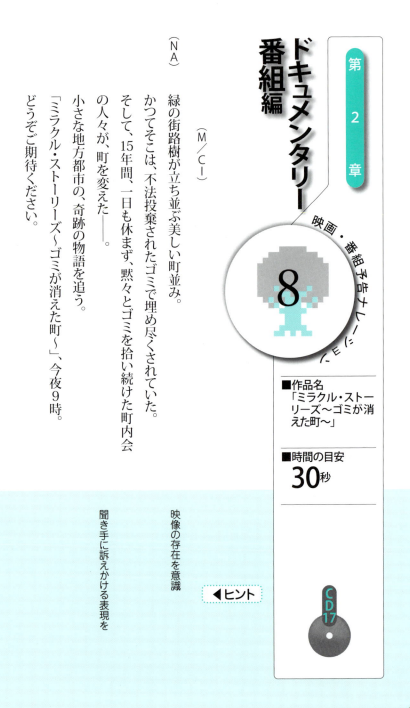

第2章

新ドラマ編

映画・番組予告ナレーション

9

■作品名
「幸せを呼ぶ悪魔たち」

■時間の目安
30秒

CD 18

（M／CI）

（NA）雑居ビルの一室にある「しあわせ法律事務所」へ、今日も悩める依頼人がやってくる。
セクハラ、パワハラ、イジメに恐喝——。そんな相談にのるのは、元泥棒に元ヤクザ、元ハッカー、元詐欺師——!?

悪いヤツらが改心して弁護士に！

犯罪スレスレおかまいなし！

どんな事件やトラブルも、華麗に解決します！

「幸せを呼ぶ悪魔たち」、4月1日金曜夜11時スタート！

◀ヒント

テンポを考えて

番組情報はしっかりと

第2章

ニュース・情報番組編

映画・番組予告ナレーション

■作品名
「ワールド・ニュース・シャワー」

■時間の目安
20秒

CD19

（M／CI）

（NA）　常に動き続ける世界の”今“を考える「ワールド・ニュース・シャワー」。
ナビゲーターの私、杉並ライチが、多彩なゲストとともに、政治、経済から、スポーツ、アートまで、さまざまなジャンルのニュースをお届けします。
毎週木曜、14時からオンエア。どうぞ、お楽しみに。

◀ヒント

落ち着いた雰囲気で
情報をしっかりと伝える

●ナレーター

Interview 2

尾《お》崎《ざき》えりさん

人の言葉をすべて鵜呑みにせず 自分の判断で取捨選択していってほしい

ナレーションの初仕事はどんな感じでしたか？

私は吹き替えの声優を目指してこの世界に入ったんですが、最初の本格的なお仕事がケーブルテレビのナレーションだったんです。初仕事で緊張していたこともあって、ディレクターさんからの指示に戸惑いました。「棒読みになっている」と指摘されて、自分なりに抑揚をつけてみたら、今度は「もっと真っ直ぐ読んで」と言われて。ナレーションの幅の広さを感じて「難しいな」と思いましたが、それでナレーションに興味を持つようにもなったんです。

収録の日までにどんなことをしていますか？

私はCMや解説VTRのナレーションのお仕事が多いんですが、台本を事前にいただけることが多いので、台本を読んで、予備知識を入れていきます。たとえば美術館関係の内容だとすると、その美術館の雰囲気や特色などをホームページで確認したりして。あと、台本にたくさん書き込みをしますね。アクセントとか読み方とかをチェックして、色分けしたり、絵を描いたりするので、もう人に見せられないくらい（笑）。読むだけよりも自分で書き込むほうが頭に入るので、自分なりの方法で事前準備をしています。

読者の方にメッセージをお願いします。

声の仕事を始めたばかりの頃は、先輩とか周りの人の言葉を鵜呑みにしがちです。また、オンエアされているものは全部良いものだと思って、何でも吸収しようと頑張ってしまいます。ですが、自分が好きなもの、苦手なものは必ずあるはずなので、そこを取捨選択していってほしいと思います。私自身も経験したことですが、「全部あの人と同じ言い方にすればいい」とか「あの人と同じにすれば売れる」ということは一切ないんだと気がついたんです。良いものと悪いもの、好きなものと苦手なものを自分で判断して、自分の好きなほう、得意なほうを伸ばしていくほうが早いんじゃないかなと思います。

発音トレーニング　2

か行　が行　ぱ行

「か行」の発音は、軟口蓋（口の中の上部奥の軟らかい部分）についていた舌の奥の部分が、息を吐いて離れる瞬間に出る音で、「破裂音」といいます。ただし、「き」の発音に限っては舌の接点が前になります。濁音の「が行」は、「か行」と同じ発音方法ですが、「か行」が無声音であるのに対し、「が行」は有声音だという違いがあります。また、「が行」の方が強い破裂音なので、あまり強く発音すると耳障りに感じることもあります。注意して発音しましょう。

鼻濁音の「が行」は、口の形は「が行」と同じですが、舌の奥の部分を堅く膨らませて喉の奥につけます。鼻にかかった「が行」がうまく発音できない場合は、音の前に「ん」をつけて「んが」「んぎ」「んぐ」「んげ」「んご」と少し大げさに鼻に響かせて練習してみましょう。

次の単語を発音しましょう

●かかし　●着飾る　●崩れる　●消す　●皇帝
●家老　●均等　●口笛　●決意　●転がる
●合奏　●議事堂　●偶然　●月曜日　●ごまかす
●画廊　●銀行　●グラウンド　●現実　●合格
●考える　●にぎわう　●ほぐれる　●歓迎　●看護師

次の文章を発音しましょう

●かきくけこ　きくけこか　くけこかき　けこかきく　こかきくけ　かけきくけこかこ
●観光地で見た岩壁に感激して絵を描いた画家
●外国の貨物船の貸し切り価格が高額で気分を害した
●規則正しい生活が義務になり着替えの時間も限られる
●銀座の貴金属店に金銀細工の貴重品を寄贈した
●区画整理区域に車で来るなと戸口で愚痴を言われた
●軍手と靴下をつけなければ栗の木の下はくぐれない
●刑事ドラマのロケ現場で影に隠れて見学した
●原因と結果の検討がいい加減なら考えは曲げないぞ
●濃いコーヒーと胡麻の団子が豪華なカゴに入っている
●呉服屋が真心を込めてこしらえた小間物が見事だ

第3章

番組ナレーション

「番組ナレーション」とは、番組の映像に解説をつけることです。番組制作の最後に行われることが多く、映像に躍動感や説得力を与える役割を持つといえるでしょう。近年では、俳優やタレントなど、専門のナレーター以外が番組ナレーションを務めるケースも少なくありません。ナレーションの世界で活躍するためにも、確かな技術を身につけておきましょう。

番組のジャンルに応じて読み分けることが大切

番組ナレーションとひとことで言っても、バラエティ、ドキュメンタリー、報道、情報、スポーツなど、番組の内容によってさまざまなジャンルに分けられます。ナレーションの役割として、「情報を伝える」という目的ではどれも同じですが、それぞれのジャンルで求められる表現は異なります。映像の雰囲気、場面展開とその流れ、全体のトーンなど、番組の目的や内容をしっかり理解して、どういうナレーションを求められているかを意識した表現を心がけましょう。

トレーニングのポイント

●それぞれの番組の趣旨や、ナレーターに求められる役割を理解し、ふさわしい読み方を考える。

〈番組のジャンルごとに求められる役割例〉

●情報：タイトルコールや「このあとすぐ！」などの煽り。

●バラエティ：出演者へのつっこみなどの盛り上げ役。

●報道：しっかりとした読みの技術。

紀行番組編

番組ナレーション 1

第3章 紀行番組編

■番組名
「世界時間旅行・ヨーロッパの古城をめぐる」のオープニング

■時間の目安
55秒

CD20

◀ヒント

（NA）ヨーロッパには、中世から近世にかけて築かれた古城が数多く残っています。

（M／FI）

時には輝かしい栄華の象徴として、時には悲劇の舞台として、歴史上のさまざまなドラマを見てきた古城。それらは単に過去の記憶としてではなく、現在もそれぞれの町や地域の人々とともに歩み続けています。番組では、各地の古城をめぐり、歴史や時代背景を追いながら、その魅力を探っていきます。

今回は、ドイツ南部のバイエルン州にある急峻な岩山に建てられた古城で、その華麗な佇まいから「白鳥城」とも呼ばれている「ノイシュヴァンシュタイン城」を訪れます。

優雅な世界観を表現

固有名詞はハッキリと

第3章

健康情報番組編

番組ナレーション 2

■番組名
「暮らしの情報ポケット」

■時間の目安
2分30秒

CD 21

（M／CI）

（NA）　毎日の健康に役立つ情報をお届けする「暮らしの情報ポケット」。今日のテーマは「ウォーキング」です。
いつまでも健康的で、若々しくいたいですよね。そのためには、規則正しい生活、バランスの取れた食事、適度な運動が大切です。特に運動は、生活習慣病の予防や肥満の解消にもつながりますので、ぜひ毎日続けたいものです。ウォーキングは手軽にできて、足や腰への負担も少なく、健康効果も高い運動として人気があります。
よく、「1日1万歩」を目安にといわれますよね。中には、「歩けば歩いただけ健康に良い」と思い、頑張って毎日1万歩以上歩くという方もいらっしゃるのではないでしょうか。

◀ヒント　番組タイトルを印象づけるように

ところが、最新の研究によると「歩きすぎは体に良くない」ということがわかってきました。たくさん歩けば運動量が増え、肥満対策には効果がありますが、1日の歩数が1万2000歩を超えると、生活習慣病などの予防という点では、効果が頭打ちになってしまうそうです。それどころか、体に疲労が残ることで免疫力が低下し、病気にかかりやすい体になる可能性もあるといわれています。

そこで、健康維持に最適な歩数として、最近では「1日8000歩」という目安が推奨されるようになってきました。とはいえ、普段歩き慣れていない方が、いきなり8000歩を歩くのは大変なことです。まずは無理のない範囲でスタートして、少しずつ歩数を増やしていきましょう。

また、いつも利用している駅やバス停のひとつ手前で降りて、歩く距離を増やす、駅や建物内で積極的に階段を使うなど、毎日の積み重ねも健康づくりにつながりますよ。

みなさんも今日から、毎日の運動習慣としてウォーキングを取り入れてみてはいかがでしょうか。「暮らしの情報ポケット」でした。

フレージングに気をつけて

提案する箇所でトーンを意識

最後まで丁寧に

第3章

番組ナレーション 3

■番組名
「名店グルメギャラリー」

■時間の目安
1分50秒

CD22

お店紹介番組編

（M／CI）

（NA）　毎週、話題のお店をピックアップする「名店グルメギャラリー」。
今日、ご紹介するのは、東京都杉並区荻窪にある海鮮丼専門店の「雷鳥屋」です。

駅前の大通りから脇道に入るとすぐ目に飛び込んでくる大きな提灯が目印で、その店構えはまるでお魚屋さんのよう。それもそのはず、もともとは鮮魚店を営んでいたご主人が、「新鮮で美味しい魚を、お客さんに目の前で食べてもらいたい」と思い立ち、自ら店内を改装して今のスタイルにしたのだそうです。

店内に入ってすぐ目につくのが、ガラスケースの中にずらりと並べられたたくさんの魚。どれもご主人が毎朝魚市場から買い付

◀ヒント　お店の名前はハッキリと

けてきた新鮮なものばかりで、マグロやカツオ、真鯛、アジなど、魚の種類は常に10種類以上という充実ぶりです。

お客さんはまず、ケースの中から好きな魚を選びます。選んだ魚はご主人がその場でさばき、ふっくら炊かれたつやつやのごはんにたっぷり載せて、海鮮丼に仕上げてくれます。

そして、特に大人気なのが「お好み海鮮丼」です。好きな魚を5種類選べて、お値段はなんと５００円。さらに、具材の魚を食べ終えたあとは、鰹の出汁を注いでもらい、お茶漬けも楽しめます。

新鮮で美味しい魚をリーズナブルなお値段で食べられるとして、地元の方だけでなく観光客にも愛される名店です。

滑舌に気をつけて

「ふっくら」「つやつや」「たっぷり」は食材をイメージして

金額を強調する

さ行　ざ行

「さ行」の発音は、舌と上あごを近づけた狭い隙間から息がこすれるように出る音で、「摩擦音」といいます。「さ」「す」「せ」「そ」は前歯の裏側に息を当てて、「し」は上の歯茎に息を当てて発音します。「さ行」は歯と歯の隙間から息が漏れすぎると聞きづらくなるので気をつけましょう。

「ざ行」は、舌先の上を歯茎の裏につけてふさいだ息の通り道を、息で押し破って破裂音をつくり、さらにその隙間から息を通して出す音で、「破擦音」といいます。「じ」は「ジ」と発音します。「ズィ」にならないよう注意しましょう。

次の単語を発音しましょう

●サイレン
●さざなみ
●誘う
●坐禅
●残念
●試験管
●絞る
●信じる
●自由
●ジョーカー
●吸い込む
●すき焼き
●スポーツ
●随分
●図々しい
●成功する
●世相
●せめぎ合う
●税金
●ゼミナール
●相談する
●外回り
●ソーラーカー
●雑巾
●ぞんざいな

次の文章を発音しましょう

●さしすせそ　しすせそさ　すせそさし　せそさしす　そさしすせ　させしすせそさそ
●最近の笹餅はさっぱりしすぎて残念だ
●雑音の中で雑誌を読んでも雑念ばかりが浮かぶ
●幸せになれると信じて真剣に試練に耐えている
●自分の人生は時間と自由と慈愛に満ちている
●水泳選手が素足で砂の上を滑るように歩く
●頭上にある図面を座ってずっと見ている鈴木さん
●正確に清書された星座の説明文を選定する
●前日に全敗した前任者が税金を贅沢に使っていた
●そうやって騒々しく操作するとそう簡単には揃わないぞ
●増築中に象の像を想像で製造するように頼まれた

番組ナレーション 4

■番組名
夕方の報道特集「今日のニュースワイド」内のＶＴＲナレーション①

■時間の目安
45秒

（ＮＡ）今年９月、日本列島を次々に直撃した４つの大型台風が、各地に深刻な被害を残している。記録的な大雨が降った九州各県では、広い範囲で河川の堤防が決壊し、大規模な浸水被害に見舞われた。

（Ｍ／ＣＩ）

特に大きな被害が出た雷鳥川流域では、増水した川に流されるなどして３人が死亡、現在も26人が行方不明となっている。また、各地で土砂崩れによる道路の寸断が相次いでおり、いまも７つの集落、合わせて７８６人が孤立状態になっている。その他、洪水や浸水で農業への被害も多数報告されており、今回の台風による九州地方の農業被害額はおよそ４４０億円にのぼると見られている。

CD 23

◀ヒント

軽い言い方にならないように

数字はハッキリと

第3章

ニュース番組編②

■番組名
夕方の報道特集「今日のニュースワイド」内のＶＴＲナレーション②

■時間の目安
1分10秒

CD 24

（M／CI）

（NA）　今日のトピックスはアメリカから。

道路際の側溝から何かの鳴き声がすると通報を受けた警察官。そこには1匹のカルガモがうろうろ。警察官が近寄っても、逃げる気配はありません。側溝をのぞいてみると、なんと中には6匹のカルガモの赤ちゃんが！　どうやら引っ越しの途中で、赤ちゃんカルガモたちが、格子状のフタの隙間から落ちてしまったようです。

警察官たちは赤ちゃん救出作戦を開始。フタを開けて、1匹ずつすくい上げます。彼らの作業を心配そうに見守るお母さんカルガモ。5分後、全員を無事救出。カルガモ親子を川まで誘導し、親子は仲良く川の中へ入っていきました。おまわりさん、お疲れさまでした！

◀ヒント

ほのぼのした雰囲気で

「なんと」の言い方を工夫

映像を意識して

第3章

動物番組編

番組ナレーション

■番組名
「わくわくアニマルワールド」

■時間の目安
1分45秒

CD25

(M/CI)

(NA)

みなさん、こんにちは。今日の「わくわくアニマルワールド」の仲間はこの動物。

水かきのついた短い足、丸いお尻、ずんぐりした体、長い顔に大きな鼻、ちょっと眠そうな目……。わかりましたか? 正解は「カピバラ」です。

カピバラは大型犬と同じくらいの大きさですが、実はネズミの仲間なんです。そう考えると、とても大きいですね! 「世界最大のネズミ」ともいわれているんですよ。でも、そののんびりした見た目からもわかるように、カピバラの性格はとっても穏やかで、人にもなつきやすく、動物園でも大人気なんです。

◀ヒント

聞き手の年齢層を意識

間の取り方を考えて

あれ？　このカピバラ、温泉に入ってる！　そう、カピバラは温泉が大好きなんです。カピバラのふるさとは南アメリカのアマゾン川流域で、暖かい水辺で暮らしています。だから、寒さがとっても苦手。日本の冬は寒いので、動物園の飼育員さんが温泉に入れてあげたところ、みんな温泉が大好きになったんですって。

あ、赤ちゃんカピバラもいます。かわいいですね！

集団で生活するカピバラは、子育ても群れのみんなで行います。お母さんカピバラは、自分が生んだ赤ちゃんでなくてもミルクをあげるんですよ。

わあ、みんなで仲良くお昼寝してる。気持ちよさそう！

今日もまた、素敵なアニマルワールドの仲間に会えましたね！

楽しげな雰囲気で

気持ちの表現を工夫

第3章

ドキュメンタリー番組編

番組ナレーション 7

■番組名
「密着ドキュメント!! 大都会警察24時」のオープニング

■時間の目安
50秒

CD26

（M／CI）

（NA）
そびえ立つ高層ビル、きらびやかな商業施設に、ネオン輝く繁華街。常にたくさんの人々で賑わう日本の大都会。しかし、24時間眠ることのない華やかな街の裏側で、窃盗、暴力、薬物乱用、性犯罪、悪質な交通違反といったさまざまな犯罪行為が多発している。

そんな憎むべき犯罪をあぶり出し、悪の芽を摘み取るべく、職質のプロ、凄腕白バイ隊員、鑑識捜査の鬼など、全国の敏腕警察官たちが、街の治安と人々の安全を守るため、今日も大都会のすみずみまで目を光らせている。彼らの活躍に密着し、犯罪捜査の驚くべき現場や、犯人逮捕の瞬間をカメラが捉えた！

◀ヒント

テーマをふまえた雰囲気づくりを

滑舌に注意

力強く煽りを利かして

●ナレーター

Interview 3

西山《にし やま》慎哉《しん や》さん

ナレーションはしっかりした技術が求められる覚悟をしてこの世界を目指してほしい

ナレーションで難しいのはどんなところですか?

僕は外画の吹き替えの仕事も多いんですが、外画やアニメって基本的に不特定多数の人のためのもので、決まった誰かのための「正解」の形があるわけじゃないですよね。でも、CMや企業PVなどのナレーションの場合、そのクライアントにとっての「正解」をつくらないといけません。そういうところがナレーションの難しさだと思います。台本を読んで自分なりにイメージしてつくっていったものが、クライアントの要求するものと違えば、その方向に修正しなきゃいけない。どれだけ柔軟に対応できるかが重要なので、難しいですけど面白さもあります。

日常生活で心がけていることはありますか?

体がそんなに強い方ではないので、風邪をひかないように気をつけています。体重の増減によって声の響きが変わってしまうので、そういう面も注意していますね。あとは、日常にある音を意識して聴くようにしています。たとえば家電量販店に行ったら、売り場でのアナウンスを聴いて、その言い方が自分の中で良かったのか悪かったのかを考えるんです。それが、収録で何か言われたときに、「じゃあ、あっちの言い方でやってみるか」というふうに役に立つんですよね。知らないことは表現できない。なので、普段からいろいろな音や表現を吸収するようにしています。

読者の方にメッセージをお願いします。

アニメや映画の場合、絵があることもあり、そのキャラクターや登場人物に声や性格が合っていると、多少ヘタでも「なんかいいな」って思ってもらえる瞬間があるんです。でも、ナレーションは言葉だけで表現するので、ヘタだと聞いてもらえない。正直、自分もまだまだなのでおこがましいですけど、しっかりした技術を身につけないとやっていけない世界だと思います。この世界を目指すなら、中途半端な気持ちでなく、覚悟が必要だと思います。

た行 だ行

「た行」の「た」「て」「と」は、舌の先を上の歯茎につけ、離れる瞬間に息を出す破裂音です。それに対し、「ち」「つ」は舌先の上を歯茎の裏につけてふさいだ息の通り道を、息で押し破って破裂音をつくり、さらにその隙間から息を通す破擦音です。「ち」が「てぃ」、「つ」が「とぅ」にならないように、しっかりと発音してください。

「だ行」の「だ」「で」「ど」は「た」「て」「と」と同じ口の形で発音する破裂音です。ただし、「た行」は無声音であるのに対し、「だ」行は有声音という違いがあります。「ぢ」「づ」の発音は、「じ」「ず」と同じです。

次の単語を発音しましょう

●正しい ●地下鉄 ●月夜 ●定例会 ●登場
●畳替え ●父親 ●続ける ●テキスト ●整える
●タレント ●チューブ ●積もる ●照らす ●飛び上がる
●大丈夫 ●縮む ●つづら折り ●出てくる ●独走
●黙り込む ●鼻血 ●気遣う ●電池 ●ドレス

次の文章を発音しましょう

●たちつてと　ちつてとた　つてとたち　てとたちつ　とたちつて　たてちつてとたと
●対等に戦うために立ち上がったたくさんの旅人たち
●大仏を代替わりさせようと誰もが黙り込んで大問題に
●地球の地下には未知の価値ある資源が沈殿している
●近々地主が地割れした土地を身近な人に譲るらしい
●釣り鐘に吊しておいた釣り竿が筒ごと潰された
●綴り方を習う日付を人づてに聞いて気疲れした
●手強い敵を相手に徹底的に抵抗したら撤退していった
●デパートで買った電話はデジタル表示で伝言が出る
●特別な届け物を当座のあいだ取り置いてもらう
●ドアの前からどかないどう猛な動物をどうにかしたい

紹介・説明ナレーション

「紹介・説明ナレーション」とは、企業や店舗、施設などの概要や特色、魅力を紹介したり、物事や商品の内容、しくみ、使い方など、さまざまな要素について説明・解説をつけたりすることです。どちらも対象となるものについて、聞き手にどんな内容や要素を伝えたいのかを理解し、正確に、はっきりと語ることを求められます。

台本の理解力と確かな表現力を養おう

何かを紹介するナレーションの場合、たとえば企業PV（プロモーションビデオ）なら「躍進する力強さ」や「信頼の置ける安心感」、店舗や施設の紹介なら「由緒ある店舗の趣」や「設備の充実ぶり」など、その対象に応じて求められている雰囲気やトーンを台本から読み取り、確実に表現することが大切です。

また、説明ナレーションの場合は、台本の内容をしっかりと理解したうえで、正確なアクセントやフレージングで読むことが求められるので、確かな表現力を身につけましょう。

トレーニングのポイント

●まず台本を読み込み、どういう雰囲気やトーンでの表現を求められているかを把握。それにふさわしい表現の仕方やテンポ、スピードなどを考えて読む。

●特に説明ナレーションは、ナレーター自身が内容を理解していることが重要なので、不明な点がなくなるまで台本を読み込み、用語の意味やアクセントなどを正確につかむ。

第4章

紹介・説明ナレーション

■内容
企業コンサルティング会社の会社紹介PV

■時間の目安
1分

CD27

企業紹介PV編

（M／CI）

（NA）　混迷する社会情勢と先行きの見えない世界経済の中で、ビジネスをどう動かしていったらいいのか――。

当社は、企業が抱えるさまざまな問題や課題を、業界・業種から組織文化、価値観にいたるまで、それぞれの企業の状況に応じて完全カスタマイズし、最適なビジネスへの道案内をいたします。

企業コンサルティングのエキスパートとして、リーディングカンパニーで有り続ける、経験と実績に裏付けされた自信があります。

皆さまのビジネスの水先案内人として、常に全力で取り組んでいきます。

株式会社サンダーバード・グローバル・コンサルティングです。

◀ヒント

信頼できる感じを打ち出す

企業名はハッキリと

第4章

店舗紹介PV編

紹介・説明ナレーション

2

■内容
老舗和菓子店の店舗紹介PV

■時間の目安
1分10秒

CD28

（M／CI）

（NA）

1872年、初代・上荻雷右衛門が20年の修業の末、東京・荻窪の地に店を構えた「上荻雷鳥堂」。常にさまざまな上菓子を取りそろえ、四季折々の彩りで、各流派のお茶席に花を添えてまいりました。

また、上品な味わいの餡が詰まった「雷鳥最中」は、140年以上受け継がれる伝統の逸品で、「死ぬまでに　一度は食べたや　雷鳥最中」という歌が詠まれたほどの当店の名物でございます。

創業以来、「お客様に変わらぬ江戸の味を届けたい」をモットーに、ひとつひとつの和菓子を、店内で丁寧にお作りしています。

ご贈答・ご進物用として、ご家庭でのお茶請けとして、上荻雷鳥堂の伝統の味をお楽しみください。

◀ヒント

滑舌に気をつける

歌は区切って詠む

老舗ならではの雰囲気を

第4章

セミナーの内容紹介編

紹介・説明ナレーション

■内容
「ふるさと納税」セミナー開始時の内容紹介

■時間の目安
55秒

CD29

（NA）

このセミナーは、「ふるさと納税」についての理解を深め、さまざまな疑問を解決することを目的としています。ふるさと納税の制度や地域の選び方、申し込み方法、税金の控除や還付の受け方などについて学んでいきましょう。

セミナーでは、次の流れで、ふるさと納税について解説をしていきます。第1部では、ふるさと納税の制度と目的、そのしくみについて説明します。実際に、ふるさと納税をした方の体験談や、各自治体が用意しているお礼の品についてもご紹介します。第2部では、ふるさと納税で寄付金を支払った際の税金の控除や還付について説明します。ゲストに税理士をお呼びしていますので、セミナー修了後に、確定申告時のポイントなどについてご質問いただけます。

◀ヒント

聞きやすさ、わかりやすさを重視

フレージングを考えて

第4章

施設紹介編

紹介・説明ナレーション

■内容
介護付き有料老人ホーム「シルバーヴィラ雷鳥」の紹介PV

■時間の目安
1分50秒

CD30

（M／CI）

（NA）

武蔵野の緑豊かな風景と見事に調和した佇まいの介護付き有料老人ホーム「シルバーヴィラ雷鳥」。重厚なエントランスを入ると、ホテルのようなラグジュアリー感のあるロビーがお出迎えします。

住みやすさと安全に配慮した全１００戸の居室は、１ＬＤＫから３ＬＤＫまでの５タイプで、ご夫婦でご入居されても余裕の広さがございます。居室には多機能型介護ベッド、シャワー付きトイレ、クローゼット、エアコン、ミニキッチンを完備しています。

１日３食のお食事は、専任の管理栄養士による栄養バランスのとれた献立で、地元の新鮮食材を中心にした、季節感溢れるメ

◀ヒント

品のあるイメージを意識

情報はハッキリと伝える

ニューをご提供。各フロアのダイニングホールでお召し上がりいただきます。

お風呂は、各フロアにひのきを使った浴槽と、介護用の特別浴槽があるほか、最上階のフロアには展望大浴場もご用意しております。

そして、介護が必要なご入居者様が、安心して心地良く生活できるように、看護師、介護士が24時間常駐し、夜間も巡回を行っているほか、かかりつけ医が月２回往診し、定期的な健康診断と必要な薬の処方をいたします。また、介護度が変わっても、いつまでもお住まいいただけます。

ここでの暮らしは、あなたの老後を豊かで実りあるものに変えてくれます。あなたの新しい「我が家」、シルバーヴィラ雷鳥です。

フレージングを考えて

温もりのある雰囲気を最後まで

発音トレーニング　5

な 行

「な行」の発音は、舌の先を歯茎に当てたまま、息を鼻から抜いて出す音で、「鼻音」といいます。ただし、「に」は舌を軟口蓋の近くに当てて発音します。「にゃ」「に」「にゅ」「にぇ」「にょ」の発音もこの要領で行います。

次の単語を発音しましょう

●内臓　●匂い　●ぬいぐるみ　●音色　●野いちご
●流れ着く　●握る　●ぬくもり　●値打ち　●脳神経
●斜め前　●入学生　●ヌードル　●寝込む　●ののしる
●名乗る　●庭仕事　●沼地　●ネットワーク　●ノーベル賞
●ナレーション　●忍者　●塗りつぶす　●念じる　●乗り上げる

次の文章を発音しましょう

●なにぬねの　にぬねのな　ぬねのなに　ねのなにぬ　のなにぬね　なねにぬねのなの
●7匹のななほしてんとう虫が斜めに並んでいる
●何度も直すから何とも難解になった納豆の指南書
●ニラとニシンとニンニクの臭いが庭まで臭ってきた
●乳白色の牛乳風呂に入念に入浴しすぎて入院した
●縫い合わせた絹の布に犬が絵の具を塗ってしまった
●沼地から抜ける途中でぬかるみにはまって足が抜けない
●寝起きに寝ぼけて寝間着のまま粘土を練った
●年度別に年齢に応じて年末に年金を捻出する
●望んで乗った乗り物で飲み物を飲みながらのんびり帰る
●野原で野菊と野の花を堪能してノートに残らず記録した

第4章

マナー講座 ビデオ編

紹介・説明ナレーション

■内容
ビデオ講座「暮らしのマナーガイド」の解説

■時間の目安
1分50秒

（M／CI）

（NA）
冠婚葬祭には、お祝い金や香典など、現金を贈る機会が多いものです。ここでは、祝儀袋と不祝儀袋の基本的なマナーを解説します。

まず、水引の色は、慶事と弔事で異なります。慶事の場合は紅白が基本で、特に結婚式のときには紅白をはじめ、金銀や金一色、金赤などを用います。弔事の場合は黒白が基本ですが、黄白や双白、双銀なども使われます。

水引の結び方には、主に「結び切り」と「蝶結び」の2種類があります。結び切りには「今回一度で終わる」「二度とないように」という意味が込められており、慶事、弔事のどちらにも使用でき

◀ヒント

落ち着いた口調で

わかりやすさを意識

CD31

ます。一方の蝶結びは、「花結び」とも呼ばれ、「何度繰り返してもよい」という意味から、結婚以外の一般的な慶事に使います。弔事や病気見舞いなどで蝶結びを使用すると、「不幸を重ねる」「病気を繰り返す」という意味になってしまうので、注意が必要です。

次に、現金の包み方ですが、慶事と弔事とでは上包みの折り方が異なります。慶事では「おめでたいことを祝うために天を向く」という様子を表すことから、折り返しの下の部分が手前にくるように重ねます。一方、弔事のときには「悲しみで頭を垂れてうつむいている」という様子を表し、折り返しの上の部分が手前にくるように重ねます。

テンポや間を十分に取って

最後まで気を抜かず丁寧に

第４章

学校授業教材編

紹介・説明ナレーション

6

■内容
高校の化学授業用ビデオの解説

■時間の目安
1分45秒

CD32

（M／CI）

（NA）

みなさんは「めっき」という言葉を聞いたことはありますか？

めっきとは、物体の表面に金属膜を形成する技法のひとつです。電子部品や通信機器などの工業製品をはじめ、自動車や貴金属など、私たちの生活に欠かせない技術といえます。

めっきの歴史は古く、紀元前１５００年ごろ、メソポタミア北部のアッシリアで、鉄のサビを防ぐためにスズでめっきが施されていたことがわかっています。日本にめっきの技術が伝わってきたのは古墳時代のことで、馬具や刀剣類、仏像、装飾品などに使用されるようになりました。７５２年に完成した奈良・東大寺の大仏には、金のめっきが施されていたとされています。

◀ヒント

滑舌に注意して

数字や地名はハッキリと

めっきにはさまざまな種類があります。どんな材料に、あるいは、どこにめっきを施すかなど、用途や求められる機能によって、めっきの種類や手法は変わってきます。

めっきの種類は、「湿式めっき」と「乾式めっき」の大きくふたつに分けることができます。湿式めっきとは、金属の溶けた水溶液の中に浸してめっきを施す方法のことをいいます。また、このときに使用する水溶液を「めっき液」と呼びます。湿式めっきは、さらに「電気めっき」と「無電解めっき」の方法に分けられます。

一方の乾式めっきは、めっき液を使用せず、真空状態にした空間などで温度を上昇させ、気化した金属で膜を作る方法のことをいいます。

2種類をしっかり立てて読む

最後まで早口にならないように

第４章

通信販売番組編

7 紹介・説明ナレーション

■内容
通信販売番組の商品紹介

■時間の目安
45秒

CD33

（M／CI）

（NA）それでは、商品のご紹介です。
雷鳥堂と国内有名メーカーのサンダーバード電器がコラボレーションした雷鳥堂オリジナルのデジタルハイビジョンビデオカメラ「ムービーエクセレントネオ」。ご覧のアクセサリーキット５点をセットにして、お値段は税込み３万９８００円。分割払い、ボーナス一括払いもご利用いただけます。なお、分割払いの手数料は雷鳥堂が負担いたします。

また、今回、番組終了後30分以内にお申し込みのお客様には、さらに５０００円割引きをいたします。

みなさまからのご注文をお待ちしております。

◀ヒント

勢いを意識した出だしを

商品名や価格はハッキリと

●ナレーター

Interview 4

福《ふく》原《はら》安《あん》祥《じょう》さん

馴染みのある日本語だからナレーションは難しい　普段から文字を意識するようにしてほしい

ナレーションの仕事を始めたきっかけは？

僕はもともと声優として活動していたんですが、だんだん自分は声優に向いてないなと思うようになったんです。声優を目指している方にはあまりよろしくない話かもしれませんが（笑）、声優の仕事って、作品によってはちょっと“クサい”台詞が多いじゃないですか。僕はシャイなので、そういう台詞を言うのが恥ずかしくて。それで、客観的に情報を読んだり、解説したりする役回りのほうが自分には向いているなと思って、ナレーターに転向しました。

収録前の準備や、普段の生活で心がけていることは？

事前に台本をもらえる場合、台本の内容を頭の中で映像化しながら組み立てるようにしていますね。たとえば美術作品の解説なら、その絵が映像で流れて、絵の下に説明のテロップが出るカットをイメージして、そのテロップに馴染むように言葉を乗せていく、という感じです。ナレーションは「文字と戦う仕事」なので、その文字の持っている力を活かしてあげられるナレーターが一番だと思うんです。言葉を書いた人の意図に添いつつ、それを上回る表現ができるのが理想ですね。なので、普段でも周囲にあるいろいろなコピーや文字を見て、「自分ならそれをどう読むか」と反応するようにしています。

読者の方にメッセージをお願いします。

読者の方のほとんどは、きっとこれまでずっと日本語を使ってきていますよね。ナレーションは、その馴染みがありすぎる日本語を扱うので、逆に難しいと思うんです。スポーツだと「上手い」とか「強い」とか、才能がわかりやすいですけど、ナレーションは何が正解なのかわからないので。でも、日本語はいたるところに転がっています。普段から文字を意識して、それらとナレーションをどう結びつけるのかということをずっと考えていれば、自分の読み、自分の世界を見つけられると思いますよ。

は行・ば行・ぱ行

「は行」の「は」「へ」「ほ」は、「あ」「え」「お」と同じ口の形で、喉だけで音を調整して発音します。「ひ」は「し」に近いですが、やや舌の真ん中を持ち上げて発音する摩擦音です。「ふ」は少しだけ開けた唇の隙間から息が擦れるようにして発音する摩擦音です。

「ば行」は、閉じた唇を開く瞬間に発音する破裂音です。語頭だと破裂が強く、語中だと弱くなるので、違いを確認してみましょう。

「ぱ行」は「ば行」と同様、唇を開いた瞬間に発音する破裂音です。ただし、「ば行」が有声音であるのに対し、「ぱ行」は無声音です。違いを意識して練習してみてください。

次の単語を発音しましょう

●はさみ
●ひび割れる
●吹雪
●平均台
●干し草

●離れる
●開く
●ふるさと
●減らす
●ほほえましい

●爆発する
●微調整
●ぶら下がる
●ベレー帽
●防水加工

●場所
●美貌
●文豪
●勉強する
●墓地

●パイナップル
●ピラミッド
●プレゼント
●ペットボトル
●ポケット

次の文章を発音しましょう

●はひふへほ　ひふへほは　ふへほはひ　へほはひふ　ほはひふへ　はへひふへほはほ
●母の日に母の好きなハチミツとバラの花束を贈った
●バーゲンでバイトを倍増してバイクで倍くらい配達した
●日比谷の昼下がりには日々人がひしめいている
●病院と美容院を間違えてびっくりしたピアノ奏者
●古道具屋で買った古着と古本を古ぼけた風呂敷で包んだ
●ブルーの服を着てブラジルに行ったブロンドの舞台役者
●平凡で平穏な生活が平和なのだと平常から考えている
●勉強中に別室で別々に弁当を食べられて便利だ
●包囲網から放り出されてほうほうの体で逃げ出した
●ポイントでボンドとポン酢と盆栽とポテトを買ってきた

第5章

案内ナレーション

「案内ナレーション」とは、店頭や店内、各種施設などでのインフォメーションから、各種音声ガイダンス、乗り物や観光地などでの観光案内まで、さまざまな情報を伝えるナレーションのことです。聞き手に注意をうながし、正確な情報を伝えることができるように、はっきりと聞きやすく、わかりやすい読み方が重要です。

聞き手に確実に情報を届けることを意識しよう

案内ナレーションは、「聞きやすさ」と「正確な情報伝達」が重要です。たとえば賑やかな店頭と、静かな施設内とでは、必要とされる声のテンションやトーンが違ってきますので、その案内がどういうシチュエーションで流れるのかを意識して読む必要があります。また、観光案内や美術作品の音声ガイドなど、案内する内容によっても求められる表現は異なります。聞き手の会話や行動を邪魔することなく、確実に情報を届けられる伝え方や読み方を意識しましょう。

トレーニングのポイント

●どういう情報を発信するのか、その案内がどういうシチュエーションで流れるのかを意識して、読み方、声のテンションやトーンを考えて読む。

●説明的な要素が強い内容の場合、不明な点がなくなるまで台本を読み込み、内容をしっかり理解したうえで、正確で聞きやすい表現やフレージングを意識する。

第5章

店内アナウンス編①

案内ナレーション

■案内内容
雨の日の注意喚起

■時間の目安
25秒

CD34

（M／CI）

（NA）本日は雨の中、ご来店いただきまして、誠にありがとうございます。
雨のため、店内はお足元が大変滑りやすくなっておりますので、十分お気をつけくださいますよう、お願い申し上げます。
このあとも、どうぞごゆっくりお買い物をお楽しみくださいませ。

◀ヒント

聞き手が声に集中している状況でないことを考えて

注意喚起の内容だが、お客様相手であることも意識

第5章

店内アナウンス編②

案内ナレーション

■案内内容
タイムセールの案内

■時間の目安
50秒

（M／CI）

（NA）

本日はご来店いただきまして、誠にありがとうございます。

ご来店中のお客様に、お得なタイムセールのご案内です。

まもなく、午後3時より30分間、5階特設会場におきまして、秋のファッション小物スペシャルプライスダウンセールを開催いたします。今、商品の値札に表示されている価格から、お会計の際に、さらに30パーセント割引いたします。会場内にございます全商品が、お得な割引価格でお買い求めいただけます。

まもなく、午後3時より30分間の開催となります。みなさま、どうぞ5階特設会場へお越しくださいませ。

◀ヒント

落ち着いた雰囲気で

情報はしっかりと伝える

CD 35

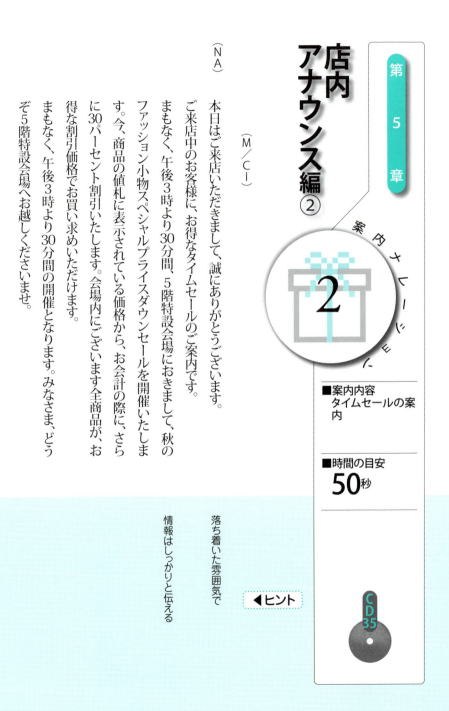

第5章

店舗アナウンス編

案内ナレーション

3

■案内内容
居酒屋店の紹介

■時間の目安
35秒

CD36

（NA）　（M／CI）

ご通行中の皆さま、お仕事お疲れ様です！

もう、今夜飲みに行くお店は決まりましたか？　「まだ決まっていない」という方は、居酒屋雷鳥丸はいかがですか？

当店の自慢は、今朝水揚げされたばかりの新鮮なお魚と、秘伝のタレで漬け込んでカラッと揚げた絶品唐揚げ！　また、全国の蔵元から、日本酒と焼酎１００種類を取り寄せて、皆さまのお越しをお待ちしております。

当ビル5階、居酒屋雷鳥丸へぜひどうぞ！

◀ヒント

通行人に話しかけることを意識

商品をしっかりとアピール

第5章

案内ナレーション 4

劇場内アナウンス編

■案内内容
上演中における注意事項

■時間の目安
50秒

CD 37

（NA）

本日は、劇団雷鳥カンパニー第6回公演、「月明かりの下で見る夢」にご来場いただきまして、誠にありがとうございます。

開演に先立ちまして、お客様にお願い申し上げます。

会場内でのご飲食、ご喫煙はご遠慮ください。

上演中、携帯電話や時計のアラームなど、音の出るものは電源をお切りくださいますよう、ご協力をお願いいたします。

また、上演中の録音、録画、写真撮影は固くお断り申し上げます。

それでは、間もなく開演いたします。

最後までどうぞごゆっくりお楽しみください。

◀ヒント

タイトルはハッキリと
間やテンポを考える
注意事項の項目を立てた読みを

第5章

電話応答ガイダンス編

■案内内容
インフォメーションセンターの音声ガイダンス

■時間の目安
50秒

CD38

（NA）（M／CI）

お電話、ありがとうございます。バード化粧品インフォメーションセンターでございます。オペレーターにおつなぎいたしますので、音声ガイダンスにそって、ご希望の番号を押してください。ご案内の途中でも番号操作は可能です。

商品をご注文のお客様は1を、

商品カタログをご希望のお客様は2を、

商品に関するお問い合わせは3を、

送料、お届け、お支払いに関するお問い合わせは4を、

そのほかのお問い合わせは6を、

ガイダンスをもう一度お聞きになりたい場合は9を押してください。

◀ヒント

電話を通してのナレーションであることを意識

番号はハッキリと

ま行

「ま行」は、「ば行」や「ぱ行」と同じく、閉じておいた唇を開く瞬間に発音しますが、息を破裂させて出す破裂音ではなく、「な行」のように鼻から息を抜く鼻音です。鼻濁音の「が行」と同様に、頭に「ん」をつけて「んま」「んみ」「んむ」「んめ」「んも」と発音してみることで、鼻音であることの確認ができます。

次の単語を発音しましょう

●舞い上がる　●見いだす　●報い　●迷宮　●猛暑
●真面目　●味方　●むさくるしい　●目覚ましい　●餅つき
●まとめる　●見積り　●虫眼鏡　●目玉焼き　●求める
●マーマレード　●ミミズ　●難しい　●メッセージ　●モーニング
●満月　●民主主義　●ムード　●面談　●桃色

次の文章を発音しましょう

●まみむめも　みむめもま　むめもまみ　めもまみむ　もまみむめ　まめみむめもまも
●毎日丸い丸太をまとめて小まめに牧場へ積ませた
●ママを真似て豆を煮てもさまにならずままならない
●未来が見られるミラーで見事にみんなの未来が見えた
●右のミミズクの耳と左のミミズクの耳を見比べてみよう
●昔は向かいの村で無料でできたが今は向こうでも無効だ
●娘が結んだ結び目を無理矢理ほどくのは難しい
●名曲の演奏を命じられて迷惑そうにしている名人
●眼鏡をしたまま目配せするのは面倒なので滅多にしない
●門前通りを迷走するどう猛な猛牛を猛追する門番
●目録にある木魚と木蓮と木版画をもれなく目撃した

第5章

交通機関の車内アナウンス編①

案内ナレーション

6

■案内内容
路線バスの車内アナウンス

■時間の目安
40秒

CD39

（NA）　発車します。おつかまりください。
毎度サンダーバード交通をご利用いただきまして、ありがとうございます。

このバスは渋谷駅発、中野駅前経由、荻窪駅行きでございます。

次は雷鳥小学校前、雷鳥小学校前でございます。上荻中央図書館へお出でのお客様は、こちらでお降りください。

（ブザー音）

次、止まります。危険ですので、バスが停車してからお立ちください。

◀ヒント

バスの車内であることを意識

フレージングや間を考えて

第5章

交通機関の車内アナウンス編②

案内ナレーション

7

■案内内容
観光列車の車内アナウンス

■時間の目安
55秒

CD40

（NA）

電車は雷鳥沢駅を出まして、次の雷鳥山登山口駅まで急勾配を登っていきます。みなさま、どうぞ進行方向の左手の車窓をご覧ください。青龍昇峡谷が見えてきました。青龍昇峡谷は、その名の通り、昔この地方で暴れ回っていたオオナマズが、雷鳥上人の法力によって青い龍に姿を変え、天に昇っていったという言い伝えにちなんで名づけられました。

電車はまもなく青龍鉄橋を通過いたします。この鉄橋は、地上からの高さが65メートルあり、雷鳥沢観光列車の沿線の中でもっとも高いポイントとなります。青龍鉄橋が完成するまでは、実に35年もの年月がかかりました。

◀ヒント

長文はフレージングが重要

固有名詞や数字はハッキリと

第５章

美術館・博物館の音声ガイド編

案内ナレーション

8

■案内内容
美術館の一般向け音声ガイド（作品：「真珠の耳飾りの少女」ヨハネス・フェルメール）

■時間の目安
1分55秒

CD 41

（M／CI）

（NA）
室内をやわらかく照らす光や巧みな質感の描写テクニックから、「光の魔術師」とも呼ばれるフェルメールは、一方で、美しく鮮やかな青色を用いたことでも知られています。

この「真珠の耳飾りの少女」は、１６６５年から66年ごろに描かれたとされる作品で、フェルメールの作品の中でも特に有名な1点です。

強いまなざしでこちらを見つめる少女が印象的で、その神秘的な雰囲気から「北方のモナ・リザ」とも称されています。

そして、「青いターバンの少女」という別名を持つように、この絵を際立たせているのが、少女が頭に巻いている青いターバンです。この鮮やかで深みのある青色は、「ラピスラズリ」という貴重な鉱物を原材

◀ヒント

映像を意識

絵画の持つ雰囲気を表現

間やフレージングを意識して

料とした顔料で、ラピスラズリが原産地のアフガニスタンより、地中海を越えてヨーロッパへ運ばれることから、「海を越えてきた青」という意味の「ウルトラマリン」と呼ばれています。

フェルメールはこのウルトラマリンを好んで使っていましたが、ウルトラマリンは非常に高価で、金と同等の値段で取引されていたほどでした。画家でありながら、画商も兼ねていたフェルメールは、自身の絵や、画商として扱っていた作品が売れず、大きな負債を抱えていましたが、それでもこの貴重な青い顔料をふんだんに使い続けていました。

フェルメールが虜となり、彼の作品に深みと強い印象を与えるこの青色は、「フェルメールブルー」とも呼ばれています。

第5章

イベントの広報アナウンス編

案内ナレーション

9

■案内内容
杉並区のイベントのお知らせ

■時間の目安
1分5秒

CD42

（M／CI）

（NA）

杉並区地域健康協会より、4月のイベントのお知らせです。

4月15日日曜日、午後2時より、杉並区上荻体育館において、「健康バッグン体操講習会」を開催いたします。簡単な動作で、運動効果の高い「健康バッグン体操」の正しい動きを学ぶことができます。初めて参加される方から、健康バッグン体操の指導員を目指す方まで、どなたでもご参加いただけます。参加費用は無料です。なお、参加者の皆さまには、全国健康バッグン体操連盟の「健康バッグン体操講習会認定証」が交付されます。

お申し込み、お問い合わせは、「健康バッグン体操講習会事務局」まで。たくさんの方のご参加をお待ちしております。

◀ヒント

日時、場所はハッキリと

滑舌に気をつける

●ナレーター

宮崎《みやざき》奈苗《ななえ》さん

そのときどきにするべきことをしっかりとやっておくことが大切

ナレーションの仕事を始めたきっかけは？

私の経歴はちょっと変わっていて、それまで普通に社会人をしていたんですが、30歳になって声優の養成所に入りました。そこで2年半学んでから事務所に所属。正直なところ、私くらいの年齢の女性がアニメ声優の世界に新人として入るのは、10代、20代から始めた人たちとはまったく違うので、なかなか難しいんですよね。あるとき、たまたまナレーションのお仕事が何本か続いたことがあったんです。それまでナレーション自体は勉強していなかったんですが、「ナレーションってすごく楽しいな」と思って、そこからはナレーション１本に絞っています。

収録の日までにどんなことをしていますか？

実は私、収録前はあまり台本を読まないんです（笑）。読まないといっても、もちろんしっかり目を通して、台本の内容を理解するところまではやりますが、きっちりと読みの練習をして固めていくことはしていないですね。それと、台本に目を通すときは、文章を目で追うだけではなく、声に出して読むんですけど、その内容を誰かに説明するなら、自分だったらどう話すかということを考えて、「あのね、○○ってあるじゃない？　それってこういうことでね」みたいな感じで読んでいます。家で、一人でそんなことをしているのでバカみたいなんですけど（笑）。

読者の方にメッセージをお願いします。

誰でもきっと、「あのときもっと勉強しておけば良かった」とか、「もっと頑張っておけば良かった」とか、そのときにはわからなかったけど、今になってその作業がどれだけ大事なことだったのか気づくときがありますよね。この世界でも、いざ仕事となったときに、「あのときもっとちゃんとやっておけば良かった」と思う日が必ず来ます。なので、先生の話をよく聞いたり、しっかり勉強したり、そのときどきにするべきことをやっておくことが大切だと思います。

発音トレーニング　8

や行

「や」「ゆ」「よ」は、「い」の口の形から「あ」「う」「お」を発音することで発音できます。このように単独では音節をつくらないため、「や行」は「半母音」といいます。

次の単語を発音しましょう

●八重桜
●野球
●安らぐ
●屋根
●病み上がり

●夕方
●雪国
●譲る
●湯たんぽ
●ユーモア

●横たわる
●寄席
●世直し
●予約
●ヨーロッパ

次の文章を発音しましょう

●やいゆえよ　いゆえよや　ゆえよやい　えよやいゆ　よやいゆえ　やえいゆえよやよ
●役員会でややこしい役割の役員をやらされて厄日だった
●夜間にヤカンで薬湯を煎じてやっと安らかに休める
●雪の日に床にゆっくり座れないのはゆゆしき問題だ
●ゆりかごでゆらゆら揺れるうちに夕方になった
●酔って夜明けに横丁でよろめいて洋服を汚した
●代々木に寄って伊予柑と羊羹を用意してきた

第6章

さまざまなナレーション

ナレーションには、ここまで紹介してきた以外にも、さまざまな種類があります。最近では、DVDやインターネット、デジタルサイネージ（映像装置を利用した広告や案内）など、音声とともに情報を発信する媒体が増え、ナレーションが必要とされる場面も多くなっています。媒体に応じた表現やテクニックが求められるので、確かな技術と対応力が必要です。

ナレーション技術だけでなく表現のセンスも磨こう

どのような種類のナレーションでも共通していえることは、聞き手に対して「伝えるべき情報を確実に届ける」という点です。たとえば会場で流すアナウンスでも、それが株主総会のステージなのか、お通夜の席上なのかで、求められる読み方、声のトーンやテンションはまったく異なります。ナレーターは、その音声がどんな聞き手に対して、どのようなシチュエーションで流れるのかを理解する能力も要求されるので、ナレーションの技術だけでなく、日常でもさまざまな音声に耳を傾けて、表現に対するセンスを磨くようにしましょう。

トレーニングのポイント

●台本の内容を理解し、聞き手や音声が流れるシチュエーションを考えて読む。

〈ふさわしい読み方の考え方例〉

●聞き手は大人か、子どもか（子どもなら年齢も想定）。

●どのような内容なのか（ビジネス／明るい／穏やかなど）。

●どのような場所で流れるのか（街頭／屋外／屋内など）。

第6章

施設アトラクション編

■内容
シート連動型アトラクションの案内

■時間の目安
1分5秒

CD43

（M／CI）

（NA）皆さま、本日はアミューズメントパーク・サンダーバードへようこそお越しくださいました。間もなく、「ピーターの裏庭アドベンチャー」の上映が始まります。

皆さまには、悪い魔女ジャーバリアスの魔法で、身長5センチに縮んでしまったピーターと一緒に、ピーターの家の裏庭を舞台に、スリリングなアドベンチャーを体験していただきます。なお、映像に合わせて、シートが振動したり、上下に動いたりいたしますので、着席されましたら、シートベルトを着用してください。

また、上映の途中でご気分が悪くなられたお客様は、手を上げて、お近くの係員までお知らせください。

それでは上映開始です。どうぞお楽しみください。

◀ヒント

楽しい雰囲気を打ち出して

注意事項は丁寧に

第6章

選挙広報アナウンス編

さまざまなナレーション 2

■内容
選挙の投票日広報

■時間の目安
30秒

CD 44

(NA)

こちらは選挙管理委員会です。

有権者の皆さん、7月14日日曜日は市議会選挙の投票日です。皆さんの1票は、今後の市政を決める貴重な1票です。ぜひ投票にお出かけください。

なお、投票日に都合が悪い方は、前もって期日前投票、または不在者投票を済ませましょう。

◀ヒント

選挙広報という特性を考えた読みを

日時はハッキリと

第6章

株主総会ナレーション編

さまざまなナレーション 3

■内容
株主総会時の説明

■時間の目安
50秒

（NA）　ただいまより、第25期の事業報告についてご説明させていただきます。

まず、事業の経過及びその成果につきましてご報告いたします。当連結会計年度におきまして、当社を取り巻く事業環境は、先進国を中心に景気の回復が進んだことから、全体的には緩やかな改善基調となりました。国内においては、企業収益の改善を背景とする設備投資の増加や、雇用環境の改善などにより、総じて緩やかな景気回復が見られたものの、新興国経済の減速や年初以降で為替相場が円高に推移するなど、依然として先行きは不透明な状況が続いております。

◀ヒント

難しい言葉の意味やアクセントは調べる

早口にならないよう注意

CD45

幼児向け学習教材のナレーション編

さまざまなナレーション 4

■内容
タブレット用教材「ひらがなを学ぼう」

■時間の目安
1分20秒

CD46

（NA）　みんな、こんにちは！　今日はぼくと一緒に動物園に行って、たくさんの動物たちに会おう！　さあ、中に入るよ。

（M／CI）

最初に会う動物は何かな？

なが－いお鼻に、大きな耳、大きな体。さあ、この動物が何かわかるかな？　動物の名前をタップしてみよう。

（電子音）　「ぞう」。

（正解の音）

（NA）　そう、正解だよ！

あれ、ぞうが鼻を伸ばして、何かくれたよ。わあ、リンゴだ！

さあ、次の動物は何かな？

◀ヒント

幼児向けであることを意識

対象に合わせた感情の乗せ方を

（電子音）

ながーい首に、ながーい足、おもしろい模様が見えるね。さあ、この動物が何かわかるかな？　動物の名前をタップしてみよう。

「ごりら」。

（不正解の音）
（NA）
あれ？　そうかな？

（電子音）

「きりん」。

（正解の音）
（NA）
そう、正解だよ！

おや、きりんが首を伸ばして、何かくれたよ。わあ、きれいな葉っぱだ！

たっぷり間を取って

最後まで楽しい雰囲気で

発音トレーニング　9

ら 行

「ら行」の発音は、舌先を軟口蓋の方に反り返らせ、隙間から息を出して摩擦音を発し、さらに舌先で軟口蓋を弾いて歯茎に当てて発音します。

また、「ら行」は「だ行」と息を出す前の舌先の形が似ているため、例えば「体（からだ）」を「カダダ」と発音して混同しがちです。注意しましょう。

次の単語を発音しましょう

●来訪する　●利権　●類似点　●冷蔵庫　●廊下
●楽園　●律する　●留守番　●歴任　●ロケット
●羅針盤　●略称　●ルックス　●レクチャー　●路側帯
●ラムネ　●リラックス　●流布　●列車　●ロマンチック
●乱闘　●林道　●ルール　●連動　●論文

次の文章を発音しましょう

●らりるれろ　りるれろら　るれろらり　れろらりる　ろらりるれ　られりるれろらろ
●来日中のライダーがライブでライディングを披露する
●ラクダとラッコとライオンを見に暗いうちから来園した
●理事長の隣人に山盛りのリンゴの料理をもらった
●理想の理論を理屈っぽく繰り広げる理学部の留学生
●ルームライトが明るくてルール違反と怒るルームメイト
●ルクセンブルクからルートを変えてルワンダを訪れた
●レンタルした冷房が零度の設定で冷凍庫にいるようだ
●連日連夜レッスンに入れ込んでレコーディングにのぞむ
●6時開始の論語の朗読会に老若男女が廊下まで並んだ
●ロック調でロジカルにプログラムを論じるロボット

第6章

アンケートの音声ガイド編

さまざまなナレーション 5

■内容
ＷＥＢの音声付きアンケート

■時間の目安
1分15秒

CD 47

（ＮＡ）

美容と健康に関するアンケートにご協力をお願いいたします。このアンケートは音声付きでご案内いたします。アンケートには、音声ナビゲーションと画面の表示にしたがってご回答ください。

質問１：あなたは、日々の健康対策として、心がけていることはありますか？　あてはまるものをお選びください。

質問２：あなたは、目の健康づくりに、アントシアニンという成分が効果的であることをご存知でしたか？

◀ヒント

落ち着いた雰囲気で

画面の存在を意識して

質問３：あなたは、青魚などに含まれるＤＨＡという成分が、脳や神経組織の機能を高め、動脈硬化などを予防する働きを持つことをご存知でしたか？

質問４：お肌の保湿やハリをサポートする成分として、コラーゲンやヒアルロン酸が知られていますが、最近注目されているプロテオグリカンという成分をご存知でしたか？

質問は以上です。アンケートにご協力いただきまして、ありがとうございました。

早口にならないように

滑舌に注意

第6章

結婚式のVTRナレーション編

■内容
披露宴会場で流すVTR

■時間の目安
2分40秒

CD48

（M／CI）

（NA）

新郎の翔太さんは、１９９０年10月12日、長野県長野市で、坂本家の次男として誕生。兄の修一さんと兄弟仲良く、元気いっぱいに成長しました。小学校２年生のとき、長野オリンピックを見に行ったことがきっかけで、スキーを始めた翔太さん。持ち前の運動神経で、めきめきと上達し、小学校６年生のときには、長野県ジュニアモーグル選手権で優勝しました。学校でも運動会で大活躍のスポーツマンでしたが、勉強のほうは……まあ、学業にもそれなりに励んでいました。そして、大学では教育学部を専攻し、現在は杉並区雷鳥小学校の先生として頑張っています。

新婦の春香さんは、１９９１年４月25日、東京都杉並区で、松岡

◀ヒント

会場の雰囲気に合った読み方を

説明口調にならないように

家の長女として誕生。一人っ子で、ご両親の愛情を一身に受け、優しく、思いやりのある子に育ちました。小さいときから読書が大好きで、小学校を卒業するときには、図書室にあった本をすべて読破したほどです。また、ディズニー映画が大好きで、字幕なしで映画を楽しみたいと、高校2年生のときには、1年間、アメリカへ語学留学。帰国後には全国高校生英語スピーチコンテストで優勝しました。大学も英文学を専攻し、現在は大学院の研究室へ進んでいます。

そんな翔太さんと春香さんが出会ったきっかけはスキー場でした。春香さんはそれがスキー場デビューのとき、暴走してきたスノーボーダーにぶつかられて、コース脇の新雪に埋もれてしまいました。そこへ、大学のスキー部の合宿に参加していた翔太さんが通りかかり、春香さんを助けたことが二人の出会いでした。親しくなった二人は、東京へ戻ってからもときどき会うようになり、次第にその距離を縮めていきました。実は二人とも、お互い一目惚れだったとか。

たくさんの思い出を積み重ねて、二人は愛を育み、今日のこの日を迎えることとなりました。

大切な部分なのでテンポも意識

余韻を大事に

第6章

通夜の案内ナレーション編

さまざまなナレーション 7

■内容
通夜の開始前の案内

■時間の目安
1分10秒

CD49

（M／CI）

（NA）本日はお忙しい中、またお足元の悪い中を、ご弔問賜りまして誠にありがとうございます。

故杉並雷太様は、平成29年1月25日、ご家族様とご親族様に見守られながら、82年の人生の幕を静かに降ろされました。

式壇の御遺影は、故人様の80歳のお誕生日に、傘寿のお祝いでご家族様とご親族様が集まられた折に撮影されたお写真で、故人様がとても気に入られていた一枚と伺っております。

皆さま、どうぞ故人様との大切な思い出とともに、在りし日のお姿に思いを馳せていただき、このひとときをお心静かにお過ごしくださいませ。間もなく開式でございます。

◀ヒント

会場の空気を意識して

早口にならないように

間を考えて

●ナレーター

Interview 6

竹下礼奈《たけしたれいな》さん

声の仕事の世界は続けていく覚悟が必要
日常にある声の教材を意識して頑張ってほしい

ナレーションの初仕事はどんな感じでしたか?

実は養成所に通っている頃、ナレーションは苦手でした。声のお仕事を始めてからも、アニメとかの「絵に声をあてる」お仕事がほとんどで。ナレーションの初仕事は銀行系のＰＶでしたが、専門用語の多さや、地方出身なのでイントネーションで難しいところもあったりして、余計に苦手意識が強くなってしまいました。でも、もともと映画の予告が好きで、そういうナレーションもやりたいという気持ちがあったので、せっかくこの仕事に就いているんだから、自分の好きなことにチャレンジしようと思ったんです。それで、養成所時代の教科書を引っ張り出して、勉強し直したりしていたら、最近ナレーションのお仕事も増えてきて、ナレーションの楽しさを感じるようになってきました。

日常生活で心がけていることはありますか?

電車で移動するときなどは、ＦＭラジオをよく聴いています。ＦＭは一人のパーソナリティが語りかける番組が多く、「誰かに語りかける」というのはナレーションにも大事な要素なので、そういう番組を聴いて勉強しています。あと本当にささやかなことですけど、テレビを観るときはＣＭを飛ばさないようにしています。ＣＭのナレーションって、たった15秒で伝えたいことを伝えて、なおかつ観た人の記憶に残るというすごい技術。なので、いろいろなＣＭを意識して観るようにしていますね。

読者の方にメッセージをお願いします。

声の仕事の世界はとても厳しく、この仕事で食べていける人はほんの一握りだけという世界です。だからこそ、続けていくには、覚悟が必要だと思います。たとえば周りの人の会話や、お店のアナウンス、機械の案内音声など、いろいろなところに声の仕事に結びつく教材が散らばっているので、それらを意識しながら、頑張っていただけたらいいですね。

発音トレーニング 10

わ 行 ん

「わ行」は、「う」の口の形から母音を発音することで発音できる音で、「や行」と同じ半母音です。従来、「わ行」は「わ」のほかに「ゐ」「ゑ」「を」があり、「うぃ」「うぇ」「うぉ」と発音されていました。現在は表記としての「を」を除き、使われていません。また、「を」の発音も「お」と同じなので、「わ行」の発音は「わ」のみとなっています。

「ん」は、息が出ないように口を閉じ、舌の奥の方を持ち上げて、息を鼻からはねるように発音する音で、「撥音」といいます。「ん」はその後に続く音によって表現が数種類あります。さまざまな「ん」を発音して確認してみてください。

次の単語を発音しましょう

●ワイン　●花を　●看板
●分ける　●海を　●建造物
●忘れ物　●ドアノブを　●寝台
●渡る　●上を　●神経
●湾曲　●稲穂を　●嘆願

次の文章を発音しましょう

●わをん　をんわ　んわを　わをんわん
●若いわれわれは訳もわからず脇へ分け入っていった
●鷲とイワシが描かれた和紙をタワシで洗わされた
●棚を拭いて、床を磨いて、壁に絵を飾って
●皮をむき、種を取り、味をつけたらできあがり
●安全と安心が肝心だと年々感じるようになった
●新人の門外漢がとんとん拍子に難関を突破する

ACCENT

アクセント

アクセントとは、音の高低による言葉の調子（語調）のことです。日本語では、言葉によって「高く発音する部分」と「低く発音する部分」が決められています。間違ったアクセントで発音すると、同じ音でも別の意味の言葉に聞き取られかねません。話を正確に伝えるためには、市販のアクセント辞典でひとつずつアクセントを確認しながら繰り返し練習することが大切です。

lesson 1

アクセントの違いに気をつけて読んでみましょう。

●アイドルを相棒にして戦う相手とはいつもおあいこだ

●皆既日食の日に快気祝いで会期中の会議に回帰する

●紅海を航海中に公開したが効果がなくて後悔した

●最近の細菌を最新の機械で細心の注意をもって扱う

●大賞を取った大将とは対照的な対処法で大勝した

●橋の端にハシゴをかけて箸と箸置きを売る

●用量通りに用意した容器に要領よく容量まで入れる

INTONATION

イントネーション

lesson 2

イントネーションとは「抑揚」ともいわれ、話し手の感情や会話の流れによって言葉の音階的な高さを変えることです。語尾を上げれば疑問調、下げれば断定や確認の意味になるといった具合に、同じ言葉の意味を変化させたり、言葉の裏側にある感情を伝えたりすることができます。イントネーションひとつで、聞き手の印象は大きく左右されることになります。

イントネーションを変化させて、それぞれの状況を表現してみましょう。

「大丈夫」
●心配そうに
●驚いて
●あきれて
●突き放すように
●元気づけるように

「すみません」
●申し訳なさそうに
●気軽に
●尋ねるように
●口先だけで
●優しく

「なに」
●驚いて
●嬉しそうに
●不機嫌そうに
●けんか腰に
●優しく

PROMINENCE

プロミネンス

lesson

3

プロミネンスとは、言葉や文節を強調することです。強調することで、重要な部分をよりわかりやすく伝えることできます。また、使い方によっては話し手の感情も表現できるでしょう。ただし、強調する部分をむやみやたらに増やすのは、かえって逆効果です。話の流れを理解し、強調するポイントを見極めたうえで使うようにしましょう。

指定された部分を強調するように読んでみましょう。

●昨日　スニーカーを　買いました
(a)いつ　(b)何を　(c)どうした

●雪が降ったので　校庭で　雪合戦をしました
(a)なぜ　(b)どこで　(c)どうした

強弱以外の方法で強調して読んでみましょう。

①低く弱く発音する
●起こさないように　そーっと　出ていった

②伸ばして発音する
●ケーキを　いーっぱい　食べたい

③早く発音する
●今日の宿題を　ササッと　やってしまおう

④間を開けて発音する
●どんなに頼まれても　嫌なものは　い　や　だ(嫌だ)

ARTICULATION

アーティキュレーション

アーティキュレーションとは、音の切り方や次の音との続け方のことで、「滑舌」や「歯切れ」ともいいます。アーティキュレーションが悪いと、言葉の一音一音が明瞭にならず、聞き取りやすさにも影響を与えてしまいます。早口言葉などでトレーニングを積めば上達するので、繰り返しトレーニングしましょう。

アーティキュレーションに注意して読みましょう。

はじめはゆっくりで構いませんが、少しずつ速くして、慣れてきたら3回続けて読んでみてください。

●生麦生米生卵

●赤パジャマ黄パジャマ茶パジャマ

●この杭の釘は引き抜きにくい釘だ

●東京特許許可局、局長今日急きょ特許許可却下

●手術中に魔術師が魔術の修行中

●向こうの竹垣に竹立てかけたかったから竹立てかけた

●信長殿も信長殿じゃが、ねね殿もねね殿じゃ

●新春早々新進シャンソン歌手による新春シャンソンショー

PHRASING

lesson 5

フレージング

フレージングとは、意味を正しく伝えるために適切な位置でフレーズ(句)を区切ることで、「句節法」「区切り法」ともいわれます。書かれた文章には言葉や意味のまとまりで句読点を打たれている場合が多いですが、朗読をはじめとする音声表現では、句読点で区切ることが必ずしも適切というわけではありません。聞き手にわかりやすく効果的に伝えるためには、どこでどう区切ればよいか考えてみましょう。

次の文章の意味がわかりやすく伝わるように、フレージングを意識して読んでみましょう。

●美しい桜の木にとまったウグイスが飛び立ちました
美しいのは(a)桜の木　(b)ウグイス

●アーティストが大きな犬の絵を描きました
大きいのは(a)犬　(b)絵

●私は双眼鏡で見ている少年を呼んだ
双眼鏡で見ているのは(a)私　(b)少年

PAUSE

ポーズ

ポーズとは、音声が途絶えた空白の一瞬のことで、「間」ともいいます。単なる休止ではなく、聞き手に期待や不安などを起こさせたり、言葉では表現しきれない微妙なニュアンスを伝えることができる重要な空白です。適切な間を入れられれば、話し手の感性が活かされ、表現の幅が広がります。逆に、間が悪いと表現が単調になってしまったり、しらけたものになったりしてしまうので注意が必要です。

ポーズの取り方を意識してセリフを言ってみましょう。

●もっと　もっと高く飛ぶんだ
●もっともっと　高く飛ぶんだ
●もっともっと高く　飛ぶんだ

●あの人なら　必ず帰ってくるに違いないよ
●あの人なら必ず　帰ってくるに違いないよ
●あの人なら必ず帰ってくるに　違いないよ

●まさか　本当に彼女が犯人だったのか
●まさか本当に　彼女が犯人だったのか
●まさか本当に彼女が　犯人だったのか

RHYTHM

リズム

リズムとは、音の長さや強弱によってつくられる音声の流れや調子のことです。音声表現では、強弱や高低、速い遅いなど、機械的に変化をつけるだけでは効果的とはいえません。作品の内容や文体、状況設定や登場人物などをしっかりと把握したうえで、台本にふさわしいリズムを見つけましょう。

リズムをとって読んでみましょう。

『赤い蝋燭と人魚』　小川未明

人魚は、南の方の海にばかり棲んでいるのではありません。北の海にも棲んでいたのであります。北方の海の色は、青うございました。ある時、岩の上に、女の人魚があがって、あたりの景色を眺めながら休んでいました。雲間から洩れた月の光がさびしく、波の上を照していました。どちらを見ても限りない、物凄い波がうねうねと動いているのであります。

なんという淋しい景色だろうと人魚は思いました。自分達は、人間とあまり姿は変っていない。魚や、また底深い海の中に棲んでいる気の荒い、いろいろな獣物等などとくらべたら、どれ程人間の方に心も姿も似ているか知れない。それだのに、自分達は、やはり魚や、獣物等といっしょに、冷たい、暗い、気の滅入りそうな海の中に暮らさなければならないというのはどうしたことだろうと思いました。長い年月の間、話をする相手もなく、いつも明るい海の面を憧がれて暮らして来たことを思いますと、人魚はたまらなかったのであります。そして、月の明るく照す晩に、海の面に浮んで岩の上に休んでいろいろな空想に耽るのが常でありました。

次の名文・名言を発音しましょう。

そのころ、東京中の町という町、家という家では、ふたり以上の人が顔をあわせさえすれば、まるでお天気のあいさつでもするように、怪人「二十面相」のうわさをしていました。

「二十面相」というのは、毎日毎日、新聞記事をにぎわしている、ふしぎな盗賊のあだ名です。その賊は二十のまったくちがった顔を持っているといわれていました。つまり、変装がとびきりじょうずなのです。

どんなに明るい場所で、どんなに近よってながめても、少しも変装とはわからない、まるでちがった人に見えるのだそうです。老人にも若者にも、富豪にも乞食にも、学者にも無頼漢にも、いや、女にさえも、まったくその人になりきってしまうことができるといいます。

では、その賊のほんとうの年はいくつで、どんな顔をしているのかというと、それは、だれひとり見たことがありません。二十種もの顔を持っているけれど、そのうちの、どれがほんとうの顔なのだか、だれも知らない。いや、賊自身でも、ほんとうの顔をわすれてしまっているのかもしれません。それほど、たえずちがった顔、ちがった姿で、人の前にあらわれるのです。

『怪人二十面相』江戸川乱歩

アクセントは会話の生命である。
アクセントは会話に感性と真実を与える。

ジャン＝ジャック・ルソー

残念ながら、多くの人は知らなすぎる。
自分が溢れるほど豊かだということを。
何にだってなれる。何だってできる。
言葉のあやではなく、まったくそのとおりの意味で、現実として。

フリードリヒ・ニーチェ

学べば学ぶほど、自分が知らなかったことに気づく。
気づけば気づくほど また学びたくなる。
大切なのは、疑問を持ち続けることだ。
神聖な好奇心を失ってはならない。

アルベルト・アインシュタイン

●ナレーター

Interview 7

楠浩子《くすのきひろこ》さん

自分でジャンルを絞ってしまわずにいろいろなものに目を向けることが大切

台本を読むときに工夫していることはありますか?

台本をいただいたら、まずは黙読します。頭の中で内容と声のトーンを考えて、しっくりくるまでは声に出しません。自分は先入観が強いタイプなので、いきなり音読すると、自分の声のイメージに影響されちゃいそうなので。そして、「これだ」というイメージが固まったら、初めて声に出して読んでみます。それを録音し、イメージとちょっと違うなと感じたら、少し変えて読んだものをまた録音して……という感じでやっていますね。

日常生活で心がけていることはありますか?

多くのナレーターがやっていることだと思いますが、テレビのＣＭは飛ばさずに聴いています。「あ、こういうＣＭやってみたいな」と思うものがあったら、それを真似してみたり。すごく勉強になっています。漫画を読むのも好きで、登場人物の独白のセリフなんかを自分なりに声に出して読んでみるということもよくやっていますね。あと、声のお仕事とは直接関係ないんですが、私は和物が好きで、ときどきお寺を巡ったり、着物を着てカフェに行ったりしていることもあって、「何か和物の仕事がしたいな」とずっと思っていました。そういうことを周りに言い続けていたら、時代物のゲームなどのお仕事をいただくようになったんです。なので、自分の好きなこと、やりたいことをアピールすることも大事なんだなと思いました。

読者の方にメッセージをお願いします。

私は洋画の吹き替えをやりたくてこの世界に入り、それ以外の仕事はあまり考えていませんでした。でも実際に始めてみると、アニメやゲーム、ナレーションなど、吹き替え以外にも思いがけないお仕事がたくさんあって、どれもとても楽しいんです。なので、この世界を目指している方も、始めから自分でジャンルを絞ってしまわずに、いろいろなものに目を向けることが大切なことだと思います。

●ナレーター

Interview 8

櫻井《さくらい》慎二朗《しんじろう》さん

この世界に入ることだけをゴールにせず自分を一段階高めるための挑戦だと思ってほしい

声の仕事の世界に入ろうと思ったきっかけは?

僕の場合は「ゲームが好き」というところがスタートで、高校生のときに声優に憧れてオーディションを受けたんですが、落ちてしまって。そのあとは、ゲームを仕事にしようと、ゲームを作る業界に入って、ずっとゲーム業界の裏方をしていましたが、やっぱり前に出たいと思うようになりました。23歳のとき、「今さら遅いかな」とも思いましたが、思い切ってサラリーマンを辞めて、芝居の勉強を始めたんです。そして、26〜27歳くらいからプロとしてやらせていただくようになりました。

ナレーションの初仕事ではどんな準備をしましたか?

最初の仕事は企業PVのナレーションでした。台本を通して読んでみて、アクセントがわからない言葉があれば、アクセント辞典でチェック。声に出して読んだものを録音して、「自分のイメージとなんか違うな」とか「これでいいのかな」とか、違和感があったところを直すという方法をとりましたね。録音することで客観的に聴けるので、おかしいと思ったところを修正できるんです。自分の読みを録音して確認するというのは、今でも時間がある限りはやるようにしています。

読者の方にメッセージをお願いします。

僕自身がもともとサラリーマンだったこともあると思いますが、この世界に入ることだけがゴールじゃないと思うんです。声の仕事をしたいと思って、事務所に所属することがゴールになってしまいがちですけど、それは違うんじゃないかなと。特にナレーションの仕事は、やろうと思えばどんな形でもできますし、まずはこの世界を目指して勉強するということ自体に意味があると思います。たとえ失敗しても、自分の何かの力にはなっているはずなので、自分を一段階高めるための挑戦だと思って、一つひとつのことを楽しめるようになると良いんじゃないでしょうか。

松濤アクターズギムナジウム

「俳優・声優を目指している人のために、親からの経済的支援がなくても通える、本格的な養成機関があるべきだ」という主旨のもと'95年４月に開校。２つの稽古場と、ライブスペース「OMEGA TOKYO」を持つ。１期生・サエキトモ、２期生・木村亜希子、５期生・川原慶久、６期生・楠田敏之、小田久史、８期生・大原めぐみなど多数のプロを輩出している。

東京都杉並区上荻2-4-12
TEL：03-5310-3535／FAX：03-5310-3838
http://actorschool.jp/

はじめてのナレーショントレーニング

著●出口富士子
監修●松濤アクターズギムナジウム
２０２２年６月２３日初版２刷発行
発行者●安在美佐緒
発行所●雷鳥社
〒１６７－００４３
東京都杉並区上荻２－４－１２
ＴＥＬ●０３－５３０３－９７６６
ＦＡＸ●０３－５３０３－９５６７
http://www.raichosha.co.jp/
info@raichosha.co.jp
郵便振替 00110-9-97086

出演●巴十一／尾崎えり／西山慎哉／福原安祥／宮崎奈苗／竹下礼奈／楠浩子／櫻井慎二朗
音響プロデューサー●中村慎吾
音響編集・録音●森宗秀隆
音響編集●加藤和彦
協力●東海林龍
デザイン●木村久夫
イラスト●平野さりあ
編集●中村徹
編集協力●佐川光／久留主茜

印刷・製本●株式会社 光邦
定価はカバーに表示してあります。

ISBN978-4-8441-3725-2 C0081